中公新書
ラクレ
330

森 省歩

鳩山由紀夫と鳩山家四代

JN264968

中央公論新社

はじめに

二〇〇九（平成二十一）年八月三十日に投開票が行われた第四五回衆議院議員選挙は、戦後初めて「二大保守政党による政権交代」が現実のものになったという点で、憲政史上に残るエポックメーキングな選挙だったと言っていい。

この選挙で民主党が獲得した議席数は三〇八。この数字は、一党で獲得した議席数としては戦後での最高数だった。

その第四五回衆院選の主人公が、鳩山由紀夫民主党代表である。

選挙までの政治日程は、まさに「鳩山総理」を生み出すプロセスだった。

舌戦最終日の二十九日。鳩山代表は大阪などで街頭演説し、「明日を日本の歴史が大きく変わる日にしよう」と呼びかけ、「国民と議論して政策を作り上げていく、日本で初めての民主政治を作る大きな選挙だ」と訴えた。

フィナーレは東京・池袋。駅西口で群衆の前に立った鳩山代表が、「日本の歴史を塗り替えるみなさん、お集まりありがとうございます」と切り出すと、聴衆の熱気はピークに達した。そこかしこで「政権交代」「鳩山総理」との声が飛び交ったという。

一方、線路を挟んだ東口には、麻生太郎首相が絶叫していた。

こちらも身動きが取れないほどの聴衆である。麻生首相は「日本の未来に責任を取る」と訴え、拳《こぶし》を振り上げた。

麻生首相は民主党を激しく批判した。逆風のなかでの焦《あせ》りから、最後まで抜け出せなかった。対する鳩山代表は、「誹謗中傷合戦は好まない。堂々とマニフェストを理解してもらえるよう訴えてきた」と、選挙戦を振り返る余裕すら見せていた。

それから二四時間後、投票が締め切られて開票が始まると、報道各社は一斉に「政権交代」を報じだした。民主党の大勝は、もはや開票結果を待つまでもなく、出口調査などから確定的な「事実」として認識されていたのである。

選挙に勝利した鳩山代表は、深い満足感に浸っていたはずである。

民主党政権公約（マニフェスト）発表会で演説する鳩山由紀夫・民主党代表。2009年7月27日、東京・千代田区で

それは、政権交代という歴史的な出来事の中心人物でいられることの愉悦だけではなかっただろう。曾祖父の和夫氏から祖父の一郎氏、父の威一郎氏を経て、名門・鳩山家のバトンを渡されてきた自分が、ついに日本国の首相という「頂点」を極めたことへの、血の伝承が呼び起こす達成感も大きかったに違いない。

もっとも、この歴史的選挙には、それゆえの歴史的皮肉も垣間《かいま》見える。

一つは、首相だった祖父・一郎氏が保守合同によって誕生させた「五五年体制」に、その一郎氏の孫にあたる由紀夫氏がついに引導を渡したという歴史的皮肉である。

もう一つは、一郎氏を裏切ったとされる吉田茂首相だが、その孫である麻生首相に、一郎氏の孫である由紀夫氏が引導を渡したという歴史的皮肉である。

本書は、近現代史に見え隠れするこのような歴史的背景を踏まえつつ、ついに首相にまで上りつめた鳩山由紀夫氏と、その由紀夫氏を育《はぐく》んだ鳩山家四代の実像を、秘話や証言も交えて解き明かそうとするものだ。

第四五回衆議院議員選挙では「政権交代」の四文字に有権者の関心が集まったが、いうまでもなく、現実に政治を行うのは、政権を手に入れた生身の人間である。

そして、その生身の人間集団の頂点に立ったのが鳩山由紀夫氏なのだ。本書は、鳩山由紀夫氏自身の「生身」（実像）に迫った。新しい「政治の時代」を迎えて、本書がその背景理解の一助になれば幸いである。

なお、本書では、煩雑さを避けるために、本文では敬称を略させていただいた。また、引用元文で旧字旧仮名を使っているものは、読者の読みやすさを考慮して、和歌など特別なものを除いて新字新仮名表記に改めている。併せてご理解をいただければ幸いである。

目次

第二章　鳩山農場と鳩山家

第三章　鳩山由紀夫の原点

第四章 鳩山由紀夫の変節

写真／特記以外、読売新聞社
本文DTP／今井明子

鳩山由紀夫と鳩山家四代

鳩山家・石橋家系図（主な人物のみ）

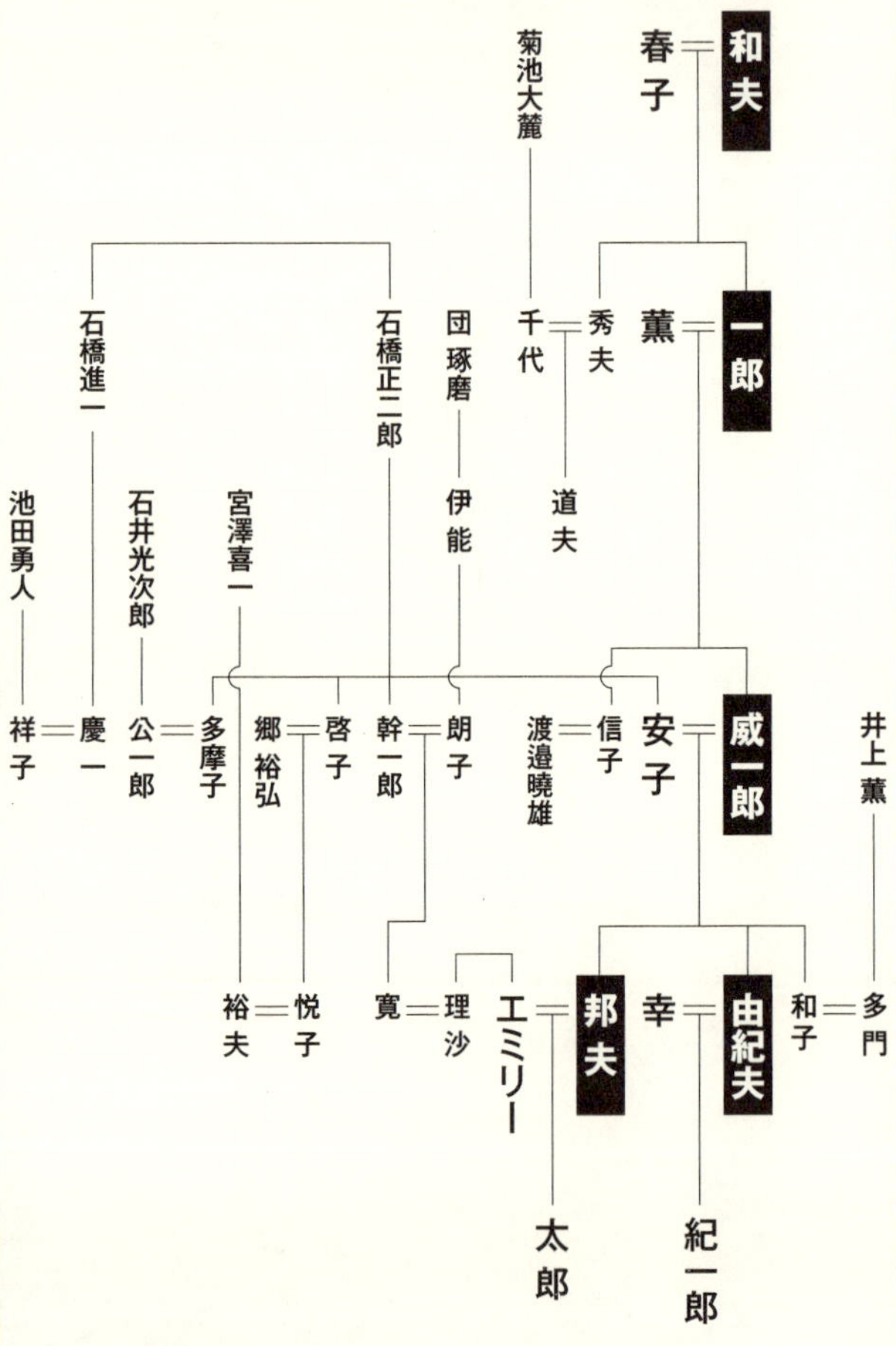

第一章

鳩山家四代の系譜

音羽御殿と初代・和夫

東京都文京区音羽《おとわ》にある小高い丘の一画。真言宗豊山《ぶざん》派の大本山・護国寺に続く音羽通りを左に折れ、表通りの喧騒《けんそう》が次第に遠ざかる緩いカーブの坂道を登っていくと、手入れの行き届いたバラ園のある広い庭園の向こうに、大きなアーチ窓を配した地上二階に屋根裏部屋を擁《よう》する瀟洒《しょうしゃ》な洋館が見えてくる。

初代・鳩山和夫《はとやまかずお》から二代・鳩山一郎《いちろう》、三代・鳩山威一郎《いいちろう》、そして現在の鳩山由紀夫《ゆきお》・鳩山邦夫《くにお》の二兄弟へと、四代続く名門・鳩山家の牙城《がじょう》、通称「音羽御殿《おとわごてん》」である。

由紀夫と邦夫も一時期を過ごしたこの邸は、初代・和夫が明治期にこの地に建設した三階建ての邸宅を、関東大震災の翌年にあたる一九二四（大正十三）年、二代・一郎が建て替えたものだ。一郎が首相を務めていた時代には、自由党と日本民主党が合流して現在の自由民主党が誕生した一九五五（昭和三十）年の「保守合同」を筆頭に、戦後保守政治の裏面史にその名を刻む、知る人ぞ知る舞台になった場所でもある。一九九五（平成七）年には三代・

第三次鳩山内閣の組閣前、音羽御殿と呼ばれる鳩山首相の自宅で自民党首脳会談が行われ、閣僚人事などを相談した。出席者はテーブルを囲んで写真右から、石井光次郎、三木武吉、緒方竹虎、鳩山一郎、大野伴睦、岸信介の各氏。1955年11月21日

威一郎の妻で由紀夫と邦夫の母にあたる鳩山安子《やすこ》によって大改修が行われ、これを機に音羽御殿は、「鳩山会館」として一般の観覧に供せられることになった。

保守合同による五五年体制発足の翌年にあたる一九五六年、一郎は河野一郎《こうのいちろう》農林大臣ら第三次鳩山内閣と党の重鎮らを音羽御殿に集め、悲願だった「日ソ国交回復」と引き換えに「政界引退」に踏み切ることを、極秘裏に伝えている。戸川猪佐武《とがわいさむ》の『小説吉田学校　第二部　党人山脈』（学陽書房）には、その時の様子が次のように描かれている。

〈五人の実力者が、音羽の高台にある鳩山

邸に招かれたのは、八月十九日のことである。暑い午後であった。いちばんさきに、そこについた河野は、そのまま応接間には通らないで、真夏の太陽がちかちかときらめく庭園に降りていった。ばらの花の赤さが、眼に痛いほど鮮烈だった。

河野は、庭と樹木が好きだった。が、このときはただ、それだけのことで、わざわざ庭に出ていったのではなかった。他の実力者たち——幹事長の岸信介《きしのぶすけ》、総務会長の石井光次郎《いしいみつじろう》、通産相の石橋湛山《いしばしたんざん》、それに顧問の大野伴睦《おおのばんぼく》たちとは異なって、この日の実力者会談の議題を、一両日前に鳩山から聞かされていた。事前に、鳩山と打ち合わせることも、もうなかったからだ〉

この後、一郎は日ソ国交回復への執念と政界引退の決意を語って河野を除く四人の盟友たちを驚かせるのだが、右の一節に登場する「応接間」とは当時の音羽御殿一階にあった「第二応接室」を指している。十八世紀後半のイギリスで流行した軽快で優雅なアダムス・スタイルを取り入れたこの応接間を含む音羽御殿は、一郎の友人で大正期と昭和初期を代表する建築家・岡田信一郎によって設計されたもので、現在も美術的に高い評価を受けている。

ちなみに、安子による大改修が行われる以前の音羽御殿の一階には、一時期、玄関を入ってすぐの正面廊下を挟んで右側に、三〇畳から五〇畳の日本間が三部屋、ずらりと並んでいた。トイレも備わっていたこの日本間は選挙の際の事務所として使われ、廊下を挟んだ左側には台所と書生部屋、二階には日本間を二部屋ぶち抜いた鳩山家の食堂があった。食堂の奥はビリヤード部屋で、ここには卓球台やグランドピアノなども置かれていた。

中央が鳩山和夫。左が一郎、右が秀夫（撮影日不詳、毎日新聞社提供）

一郎の父にあたる鳩山家初代の和夫は、一八五六（安政三）年、美作《みまさか》国（現在の岡山県）勝山藩の藩士で江戸留守居役を務めていた鳩山重右衛門博房の四男として、江戸虎門（現在の東京都港区虎ノ門）にあった藩邸で生まれた。

和夫の妻、春子《はるこ》が編者として手がけた『鳩山の一生（伝記・鳩山和夫)』には、和夫が生まれる直前の日本国内の騒然たる世情が、次のように記されている。

〈嘉永六年六月三日(和夫が生まれる三年前の一八五三年。著者注)、米船突如として浦賀に来る、黒船来の声は忽ちにして徳川幕府三百年の夢を破り、開港鎖国の論となり、或いは勤王佐幕の闘争となって、国内は上下共に擾乱の巷と化するに至った。加うるに、安政元年四月六日の内裏炎上に継いで、六月には東海道筋の大地震、七月には北国筋の大洪水、十一月には諸国に渉り大地震があり、また翌二年八月に至っては畿内に大風雨、その翌日には東国一帯に及ぶ大地震、十月になっては所謂江戸の大震火災という風に、災害頻りに至るという有様で内外共に国歩艱難の秋、実に呪うべき封建制度の崩壊は自然の勢となって来たのである〉

このような幕末の世情不安のなか、「呪うべき封建制度」の申し子とも言うべき上級武士の子として育てられながら明治維新を迎えた和夫は、一八六八(明治元)年、儒者の海保弁之助が江戸・下谷で開いていた海保塾に入塾。満十四歳を迎えた一八七〇年には、後に開成学校などを経て東京大学に改組される大学南校の法科に藩の貢進生《こうしんせい》(藩の推薦を受けた生徒)として入学を果たした。

海保塾への入塾以来、常に同期トップの学業成績を収めてきた和夫は、大学南校時代、海外留学のための建白書をみずから校長に提出し、文部省が第一期留学生を海外に送り出した一八七五年には、やはり第一位の成績で選抜試験をパスしている。この時に選ばれた一一人の第一期留学生のなかには、後に外務大臣として活躍する小村寿太郎の姿もあった。

アメリカに留学した和夫はコロンビア大学を経てエール大学に進み、一八七八年に法学修士の学位、一八八〇年に法学博士の学位などを取得して、同年夏、帰国した。和夫は帰国してすぐ東京大学（東京帝国大学の前身）法学部講師の職を得たが、一八八二年には東京・京橋にみずからの弁護士事務所を開設する一方、東京府会議員選挙に出馬し最高得票数で当選を果たす。

その後は一八八五年に外務省取調局長、一八九〇年に東京専門学校長（現在の早稲田大学総長）に就任したほか、一八九二年には東京府第九区（小石川、牛込、四谷）選出の衆議院議員として国政に進出。以後、連続九回の当選を果たし、一八九六年には衆議院議長にも任ぜられている。

実は、父・博房には長男・又蔵、二男・盛重、三男・十太郎、四男・和夫、五男・五郎の五人の男子があり、学問に秀でた三男・十太郎を鳩山家の後継に選んだ博房は、その後、四男・和夫を母・喜久子の生家にあたる同じ勝山藩の三浦家に養子に出している。

ところが、和夫が十三歳の時に三男・十太郎が早逝。その後、同じく養子に出されていた長男・又蔵も早逝してしまったため、アメリカへの留学中、和夫は再び鳩山家に呼び戻された。ちなみに、和夫が養子時代にもうけていた一女・和子は、後に司法大臣、内務大臣などを歴任して立憲政友会総裁となる鈴木喜三郎のもとに嫁いでいる。

和夫が永眠したのは波瀾《はらん》に満ちた明治も終わりに近づいた一九一一年。前出の『鳩山の一生』によれば、和夫は「痛みは——せぬが、何か——胸が——圧迫される様でねえ」との最期の言葉を残して、静かに息を引き取ったという。

ちなみに、同書の冒頭には『万葉集』にある「忘るやと物語りして　心やり過ぐせど　過ぎずなほぞ恋しき」の一首とともに、次のような一文が春子によって添えられている。

〈我が感謝し　我が敬愛する恩人にして　亡き夫君たる　鳩山和夫殿の霊に　捧ぐ〉

この本が編まれたのは、和夫の没後一八年にあたる一九二九（昭和四）年のことだった。

和夫については衆議院議長を務めた政治家として「元衆議院議長」と集約的に語られるこ

とが多いが、実際には、家柄に恵まれた類稀《たぐいまれ》なるエリート秀才として、学者から弁護士、官僚、大学学長、そして政治家へと、きわめて多様な人生を歩んだ人物だった。和夫が一八九八（明治三十一）年に北海道の地で拓いた開拓農場「鳩山農場」については第二章で述べるが、この「農場主」も含めて実に多彩な顔を持つ初代・和夫は、まさしくそれから四代続く名門・鳩山家の特質を一身に体現する創始者だったと言っていい。

直系四代への血脈

二代・一郎は、この和夫の長男として、一八八三（明治十六）年、東京に生まれた。高等師範学校女子部（現在のお茶の水女子大学）附属幼稚園から高等師範学校附属小学校（現在の筑波大学附属小学校）、同附属中学校（現在の筑波大学附属中学校・高等学校）、第一高等学校（帝国大学の予科）、東京帝国大学法科大学法律学科（英法）へと、父・和夫に勝るとも劣らないエリートコースを歩み、東京帝大を卒業した一九〇七年からは和夫が開設していた弁護士事務所で弁護士見習いを務めるかたわら、翌一九〇八年からは和夫が前年まで校長を務めていた早稲田大学で講師として教鞭《きょうべん》を執《と》った。

一郎は、自著『鳩山一郎回顧録』（文藝春秋新社）のなかで、「私は一高時代から父の業を継ぐことを以て志とし両親も亦それを希望して私を教育した」と述べている。そして、その後の一郎の行動からは、若き日の一郎が目指していた「父の業」が弁護士や学者ではなく「政治家」だったことを窺《うかが》い知ることができる。

事実、和夫が他界した翌年にあたる一九一二年、一郎は父の死にともなう東京市会議員補欠選挙に名乗りを上げ、当選を果たしている。続く一九一五（大正四）年の衆議院議員選挙で国政初当選を果たすと、その後は政友本党や立憲政友会の要職を歴任しつつ連続当選を重ね、一九二七（昭和二）年には田中義一内閣の書記官長（現在の内閣官房長官）、一九三一年には犬養毅内閣の文部大臣に就任した（初入閣）。

一郎は戦時下の一九四二年に行われた翼賛選挙でも非推薦で当選を果たしているが、それ以降の一郎は、まさしく「悲劇の宰相」と呼ぶにふさわしい、波瀾万丈《ばんじょう》の政治家人生を歩んでいくことになる。

一九四三年、一郎は時の東条英機《とうじょうひでき》内閣を批判し、長野県・軽井沢の別荘で蟄居《ちっきょ》生活を余《よ》儀《ぎ》なくされるが、これがその後の悲劇の始まりだった。

終戦を迎えた一九四五年、軽井沢から満を持して上京した一郎は、総裁として日本自由党（後の自由党）を結成し、同党は翌一九四六年の衆議院議員選挙で第一党に躍《おど》り出るものの、その直後、連合国軍最高司令官司令部（GHQ）から公職追放の指令が下され、一郎は再び軽井沢での蟄居生活に戻らされたのである。

鳩山一郎。東京・文京区音羽の私邸で。1952年10月10日撮影

この時の追放生活について、一郎は前出の『鳩山一郎回顧録』のなかで、「一面、体をよくすること、一面、頭の栄養をとること、という訳で、百姓をし乍《なが》ら出来るだけ本を読もうという気分になったのである」と、晴耕雨読《せいこううどく》の日々を淡々と振り返っているが、実際には内心忸怩《じくじ》たる

思いが渦巻いていたはずである。

しかも、悲劇はこれで終わりにはならなかった。

その後、首相に就任した吉田茂に日本自由党総裁の座を預け、一九五一年、待ちに待った公職追放解除を目前にした一郎は、それまでの不遇がよほど心身に堪《こた》えたのか、突如として脳溢血《のういっけつ》を起こし、半身不随《ふずい》に陥ってしまう。

しかし、不屈の闘志で再起した一郎は、宿敵にして盟友の吉田を倒し、一九五四年、日本民主党総裁として首相の座を射止める。首相として、前述した保守合同や日ソ国交回復などの戦後政治史に残る仕事を成していったのだが、脳溢血の後遺症たる左半身の麻痺《まひ》は、終生、一郎の身体から消え去ることはなかったのである。

一郎がこの世を去ったのは、政権を退いてから三年後の一九五九年。晩年の一郎は、吉田のように長老として政界に隠然たる力を誇示することもなく、第五章で詳述する「友愛運動」の老いたる体現者として、音羽御殿の一室で家族とともに賛美歌を歌って過ごすことを無上の喜びとしていた。

一九一八（大正七）年、一郎の長男として東京に生まれた三代・威一郎は、戦後保守政治の黎明《れいめい》期に位人臣《くらいじんしん》を極《きわ》めた父・一郎とはいささか異なり、「政治家」としての特質と「官僚」としての特質を半々に持ち合わせていた人物、否、どちらかといえば「官僚」としての特質をより多く具《そな》えていた人物だったと言っていい。

東京帝国大学法学部法律学科に学ぶまでの、秀才エリートとしての歩みは父・一郎とほぼ同じだが、大学を卒業した一九四一（昭和十六）年、威一郎は官庁の雄たる大蔵省に脇目も振らずに入省している。

その後は海軍に籍を置いていたこともあるが、終戦後の一九四六年には大蔵省に復職。以後、主計局主計官、大臣官房文書課長、主計局次長、理財局長、主計局長と、出世の定番コースを着実に歩み、一九七一年、「官庁のなかの官庁」と呼ばれる大蔵省のトップ・大蔵事務次官に上りつめた。

大蔵省退官後の一九七四年、威一郎は参議院議員選挙（全国区）で初当選を果たし、一九七六年には福田赳夫内閣で外務大臣に就任（初入閣）。その後は二回の当選を重ねつつ外交分野を中心に活躍したが、政治家としてはいま一つ地味で目立たない存在だった。

衆参同日選の際、親子で当選を喜ぶ鳩山威一郎、邦夫。1980年6月23日

後年、威一郎が「外務大臣も務めた大物政治家」と評されるようになったのは、むしろ威一郎の開けっ広げなまでの艶福家《えんぷくか》ぶりによるところが大きい。自他ともに認めるその大胆さが、周囲をして「威一郎は大物政治家」と思わしめていったのである。

威一郎は、政界引退の一年半後にあたる一九九三（平成五）年に没したが、鳩山家の伝統ともいえる艶福家で鳴らした威一郎には、二人の男子があった。それが、鳩山家の四代目を兄弟で分ける由紀夫と邦夫である。

ノンフィクション作家の佐野眞一が『現代』一九九六年十二月号に寄稿した「鳩山家『仮面の百四十年』」には、鳩山家が四代目にあたる由紀夫と邦夫の将来をどのように考えていたのかについて、由紀夫と邦夫の母親にあたる安子の証言を紹介する形で次のように書かれている。

〈一部でいわれる鳩山家の〝女帝〟という異名とは反対に、安子はあっけらかんとした口ぶりで、鳩山家について淡々と語った。

「政治家志向は弟の邦夫の方がずっと強かったんです。幼稚園の頃から政治家になるんだといってました。国会が解散になると政党の配るビラを一枚一枚見て、『解散はいいな、解散はいいな』といってました。鳩山の母（薫子《かおるこ》）は、『邦夫ちゃんが政治家になるとお金がかかるから、由紀夫ちゃんは会社の社長になって稼いでよ』なんていってたこともありました。

（後略）」〉

ここに登場する〈鳩山の母（薫子）〉とは、二代・一郎の妻で由紀夫と邦夫の祖母にあたる薫のことだが、以来、「鳩山家では、邦夫を政治家に、由紀夫を実業家に、と考えていた」との通説が広く流布されるようになった。

しかし、この通説は必ずしも正確ではない。

第一のポイントは、「鳩山家では、邦夫を政治家に、と考えていた」とされる点である。

実は、この第一の点をめぐっては、前出の記事を書いた当の佐野によって、最近、新たな真相が明らかにされた。『文藝春秋』二〇〇九年八月号の「鳩山邦夫　大いに吼《ほ》える」のなかで、邦夫はインタビュアーである佐野の質問に答える形で、次のように語っている。

〈まあ、政治家になりたいと思ったのは、やはり、じいさんを見てたからでしょうね。社会にいい影響力を与える人生を送ってみようと思っていた。もっとも子どもの頃に「政治家になりたい」と言ってるのは、プロ野球の選手になってオールスターに出たいという夢のような話です〉

〈おやじの反対は、私のときのほうが激しかったですよ。一部のマスコミ報道では「威一郎は、邦夫は政治家にしようと思ったけど、由紀夫はダメだといった」とされていますが、それは間違い。私のとき父は「政治家悪人説」を唱えて絶対反対だった。でも兄は、邦夫には許しているのだからというので楽をしたんだ〉

つまり、少なくとも父・威一郎は、由紀夫に対しても邦夫に対しても、政治家になることには反対だったのである。この事実を踏まえて先の通説をあえて言い直せば、「鳩山家では、政治家にするなら二男の邦夫の方と考えていた」ということになるだろうか。

第二のポイントとなる「鳩山家では、由紀夫を実業家に、と考えていた」とされる点については、その後の由紀夫がまずは学者への道を歩んだ事実から見て、二人の孫を前にした祖母・薫が軽い気持ちで口にした希望だった可能性が高い。同じく先の通説をあえて言い直すなら、「鳩山家では、長男の由紀夫には政治家とは別の道に進んでほしいと考えていた」ということになるだろうか。

にもかかわらず、鳩山家の四代目にあたる由紀夫と邦夫の二兄弟は、最終的にはともに「政治家」への道を選んだ。しかも、父・威一郎は別として、鳩山家における一定のコンセンサスを背景に先んじて政治家になった弟・邦夫は、政治家としては後輩であるべき兄・由紀夫にものの見事に追い抜かれてしまった。それどころか、由紀夫は、二〇〇九年八月に行われた「政権交代選挙」ともいわれる第四五回衆院選に大勝し、九月、首相の座に上りつめているのである。

兄とはいえ、否、兄だからこそ、その後塵《こうじん》を拝することは、邦夫にとって少なくとも愉快な話ではなかったはずだ。

この微妙で複雑な兄弟仲を抜きにして、由紀夫と邦夫を語ることはできない。

由紀夫と邦夫の二兄弟

兄・由紀夫は、一九四七（昭和二十二）年、父・威一郎の長男として、東京で生まれた。例に漏れず、鳩山家の血脈たる秀才エリートとして、学習院初等科、同中等科、都立小石川高等学校を経て、東京大学工学部に入学。専攻は応用物理・計数工学だった。

学者を目指していた由紀夫は、東大を卒業後、アメリカのスタンフォード大学に進み、工学博士の学位を得た一九七六年、帰国して東京工業大学経営工学科の助手となった。一九八一年には専修大学経営学部助教授の地位を得て、学者への道を順調に歩んでいるかに見えたが、中選挙区制時代の一九八六年、由紀夫は突如、旧北海道四区から衆議院議員選挙に自民党の落下傘候補（後述）として出馬し、当選を果たす。

少年の頃から「政治家にはなりたくない」と思っていた由紀夫の、学者から政治家へのこの突然の転身のきっかけは、どうやらアメリカ留学にあったようだ。平成政治家研究クラブの手になる『鳩山由紀夫のリーダー学』（ＰＨＰ研究所）のなかで、由紀夫自身が語ってい

鳩山一郎元首相をしのぶ「鳩山一郎五十年祭」で参列者を出迎える由紀夫（左）と邦夫。東京・港区のホテルオークラ東京で。2009年3月7日撮影

るところによれば、「アメリカ人は、一人一人、本当に自由奔放に生きているように見えるのですけれど、国を愛するということになると、しっかりと団結する。（中略）それを目の当たりにして、これは、自分に一番足りないことだと痛感しました」ということだったらしい。

留学先で愛国心に目覚め、突如として政治家を目指す。このあたりは苦労知らずのお坊ちゃんとして育ち、過去を捨て去ることにもさほどの未練を感じない、いかにも由紀夫らしい変わり身の早さといっていいが、弟の邦夫は前出の「鳩山邦夫　大いに吼える」のなかで、この時

のいささか生々しいエピソードを次のように披露《ひろう》している。
〈ズルいんですよ、兄貴は（笑）。卒業後に兄はアメリカのスタンフォード大学へ留学しましたが、そのとき私も一ヶ月ほどアメリカへ遊びにいって、兄の下宿で話をしたことがあるんです。私が田中角栄先生の秘書として政界入りする直前ですから、二十三歳で、兄貴が二十五歳ぐらいのときです。私が「田中先生が総理になったら、秘書として官邸に入れてもらうんだ」と話したら、兄は「まあ、先に政治をやってろよ。俺もいずれ必ず政治家になるから」と言ったんですよ〉

政界入り後、由紀夫の変わり身の早さには、機《き》を見るに敏《びん》なあざとさも加わった。

事実、田中派から政界デビューを果たした由紀夫は、一九九三（平成五）年、ユートピア政治研究会のメンバーらと自民党を離党。同年には武村正義《たけむらまさよし》を代表とする新党さきがけを結成し、非自民の細川護熙《ほそかわもりひろ》連立政権で内閣官房副長官に納まった。

その後、少数与党となった羽《は》田《た》孜《つとむ》内閣が短命に終わるや、今度は自社さ政権（自民党と社会党と新党さきがけの連立政権）に合流。ところが、小選挙区制による一九九六年の衆議院議員選挙で小党の新党さきがけが消滅しかねないと見るや、菅直人とともにみずから代表となって民主党（現在の民主党の前身にあたる旧民主党）を立ち上げた。

この時、由紀夫は武村らの民主党入りを拒否したが、この一件はいわゆる「排除の論理」として世の痛烈な批判を浴びた。

一九九八年には新進党の流れを汲む民政党（羽田孜代表）、新党友愛（中野寛成代表）、民主改革連合（笹野貞子代表）などの分散勢力を取り込んで党勢を拡大。現在の民主党はこの時に誕生したもので、その後、党勢は一進一退を繰り返す形で推移したが、二〇〇三年、小沢一郎率いる自由党との民由合併を成功させ、政権交代を睨《にら》んで地歩を固めたのである。


一方、弟・邦夫は、兄・由紀夫誕生の翌年にあたる一九四八（昭和二十三）年、威一郎の二男として、東京に生まれた。邦夫も兄と同じ学習院初等科、同中等科を経て、その後、東京教育大学附属高等学校から東京大学法学部へと進んだ。

東大卒業後、威一郎は「官僚」を目指し、由紀夫は「学者」を目指したが、邦夫は「政治家」を目指すべく、田中角栄の秘書として修業に励《はげ》んだ。

〈官僚がだいっ嫌いだった、じいさんの書いたものを読んでいましたから。じいさんが官僚批判をしているときに、息子である威一郎は官僚中の官僚になる。その官僚の父に反発して、俺は政治をやるというふうに、鳩山は反骨の血筋なのです〉

前出の「鳩山邦夫　大いに吼える」でこう語る邦夫は、角栄の門を叩《たた》いた理由といきさつについても次のように話している。

〈政治家の秘書になりたいと思っていた私は、三角大福中と当時いわれる中で、誰のところに行くのがいいのか考えて、「角」だと思った。当時、三木（武夫）さんにも会っているけど、魅力を感じなかった。そこで田中先生へ手紙を書いたんです。そうしたら会ってやると言われた。このとき、おふくろが「私、一緒に行ってあげるわ」と言って付いてきたんです〉

目白の角栄邸と音羽御殿とは指呼《しこ》の間にあり、角栄の妻・はなと邦夫の母・安子も親しい間柄だったことから、話はとんとん拍子に進んだ。時に一九七二年、角栄が「今太閤《いまたいこう》」として首相に就任し、絶大な権勢を振るい始めた年の話である。

ところが、それから二年後の一九七四年、田中内閣は角栄自身の金脈問題で総辞職、邦夫も参議院議員を務めていた威一郎の秘書に転じた。ロッキード事件で揺れた一九七六年、邦夫は新自由クラブの推薦で旧東京八区（中選挙区制）から出馬し衆議院初当選を果たすが、その後の邦夫の政治家人生はまさしく自称「政界一周の旅」（前出「鳩山邦夫　大いに吼える」）を地で行く渡り鳥人生だった。

一九七九年の衆院選の際、新自由クラブを離党して無所属で出馬するも落選。しかし、翌一九八〇年には政界復帰を果たし、キングメーカーの角栄が実質的なオーナーを務める木曜クラブを経て、竹下派に所属した。その後、当選を重ねながら、一九九一（平成三）年に宮澤喜一内閣で文部大臣に就任する（初入閣）が、二年後には由紀夫らと同時期に自民党を離党し、一九九四年、羽田内閣の労働大臣に納まった。

その後、新進党への参加、同党からの離党を経て、一九九六年には兄とともに旧民主党を結成し副代表となるが、やがて路線の違いから兄との対立を深め、一九九九年に東京都知事選に立候補して落選。落選後は兄と袂《たもと》を分かつ形で自民党に復党し、二〇〇〇年の衆議院議員選挙で復帰を果たした。二〇〇五年からは選挙区を福岡六区に移し、法務大臣、総務大臣などを歴任して現在に至っている。

変わり身の早さという点では兄に負けない邦夫だが、邦夫のそれには兄の持つあざとさはあまり感じられない。ただ、新天地に選んだ福岡六区が兄の側近にあたる古賀一成の選挙区で、全力でぶつかり古賀を破ってみせたことからも窺えるように、邦夫の行動からは、兄への嫉妬や怨念とも言うべき、拭《ぬぐ》い難い情動を垣間見ることができる。

コンプレックスの呪縛

鳩山家は、「政治の名門」とともに、「学者の名門」とも呼ばれる。

前者については、天下人として一時代を築いた二代・一郎の例を挙げるまでもなく、自他ともに認める、紛れもない名門と言っていい。が、後者についてはどうか。

たしかに、鳩山家は、直系四代の男子五人がいずれも東京大学の出身という、類稀なる秀才エリートの血筋ではある。しかし、直系四代の兄弟を含め、誰一人、近現代史にその名を残す学者として大成した人物は見当たらない。

にもかかわらず、なぜか「学者の名門」と評される。この事実は、あるいは鳩山家の願望が人々をしてそう思わしめてきた結果なのかもしれない。実は、初代・和夫に始まる鳩山家には、誉《ほま》れ高き名門ゆえのさまざまなコンプレックスが、人知れぬ影を落としてきた。そのなかに「学者の名門」であるにもかかわらず抱えていた、学者コンプレックスもあった。

初代・和夫は、学者、官僚、弁護士、大学学長、政治家と、実に多彩な才能を発揮したが、誤解を恐れずに言ってしまえば、多芸に秀でた平均人にすぎなかったと言えなくもない。

実は、和夫が文部省の第一期留学生として渡米した翌一八七六（明治九）年、ある一人の俊秀が第二期の留学生としてイギリスに渡っている。後に、東京大学法学部長、帝国大学法科大学長を務め、「日本民法の祖」と仰がれることになる穂積陳重である。穂積と和夫は新聞でも報じられるほどの首席争いを演じたが、穂積とともに民法典の編纂《へんさん》にも携《たずさ》わった和夫は、結局、近代史に大学者としてその名を残した穂積を超えることはできなかった。

その後、和夫は東京・京橋に弁護士事務所を開いたが、実は、「代言人《だいげんにん》」と呼ばれた当時の弁護士の社会的地位はさほど高くはなかった。資格を持たない弁護士の蔑称として使われた「三百代言」という言葉が、後に転じて「詭弁《きべん》を弄《ろう》して相手を言いくるめる」との意で用いられたように、「日本弁護士会の嚆矢《こうし》」と謳《うた》われた和夫の称号の価値は、穂積のそれとは比べようもなく低いものだった。

弁護士業を営むかたわら、東京府会議員を務めていた和夫は、国政に打って出る直前、東京専門学校長に就任しているが、和夫の校長就任は、あるいは穂積に対するコンプレックスの裏返しだったのかもしれない。

そして、国政に打って出てからの和夫は、衆議院議長や予算委員長などを歴任したが、生涯を通じて閣僚ポストに就くことはなかった。さらに言えば、政治家・鳩山和夫の代名詞にもなっている「衆議院議長」の職は、当時、せいぜい言って名誉職、はっきり言えば閑職にすぎなかったのである。

こうしたキャリアから、初代・和夫が抱いた人知れぬコンプレックスが、いわば無意識下の呪縛《じゅばく》として、二代・一郎やその弟に引き継《つ》がれたであろうことは想像に難くない。

実は、晩年の和夫は、みずからの人生の来し方を振り返り、「長男・一郎は政治家に、二男・秀夫は学者に」と考えていたようである。

事実、一郎は、東大卒業後しばらくは見習い弁護士や早稲田大学講師として雌伏していたが、父・和夫がこの世を去るや、迷うことなく政界に進出している。その後、寝耳に水の公職追放、宿敵にして盟友の吉田茂の裏切り、脳溢血とその後遺症など、筆舌に尽くしがたい幾多の苦難を乗り越えながら、ついに「悲劇の宰相」として位人臣を極めることができたのも、政治家としては閣僚にすらなれなかった父の無念を、一郎がいわば皮膚感覚として感じ取っていたからだろう。

コンプレックスは、時に思いも寄らぬ潜在能力を顕在化させる。一郎のケースが、まさにそれであった。

一方、一つ歳下の弟・秀夫は、子供の頃から秀才中の秀才として知られていた。川手正一郎編・監修の『若き血の清く燃えて』(講談社)には、秀夫の秀才ぶりが次のように書かれている。

〈九十点以上の成績を取るのは不可能とされる一高で、秀夫は卒業時に十二科目中九科目が九十点以上という創立以来の記録を作った。一高では夏目漱石から英語を教わり、一郎も父和夫も漱石作品を愛読していた〉

兄・一郎もたしかに秀才ではあったが、弟・秀夫は頭に超のつく、飛び抜けての秀才だった。そのため周囲はこの二兄弟のありようを「賢弟愚兄」と評したが、一郎は自分が「愚兄」と呼ばれることを、長じてもなお苦々しく思っていた。

兄と同じ高等師範学校附属小学校、同附属中学校、第一高等学校を経て、東京帝国大学を首席で卒業した秀夫は、卒業と同時に母校の講師に任命された。その後、助教授、教授となってドイツに留学し、帰国後は「民法といえば鳩山、鳩山といえば民法」と称される、民法学会の寵児《ちょうじ》として一時代を築いた。

しかし、ドイツ法に立脚した鳩山法学の時代はそう長くは続かず、一九二六（大正十五）年、秀夫は東大を退官して弁護士業を開業する。秀夫は国際連盟日本代表の随員などを務め、一九三二（昭和七年）には立憲政友会の公認候補として衆議院議員選挙にも立候補して当選を果たすが、結局、学者としても弁護士としても政治家としても大成することなく、一九四六年、六十三歳でこの世を去った。

ちなみに、二男・秀夫の妻・千代は菊池大麓《きくちだいろく》の二女にあたる。菊池は東京帝国大学総長、学習院院長、京都帝国大学総長などを歴任した数学者・教育者であるとともに、貴族院勅選議員、文部次官、文部大臣などを歴任した官僚・政治家でもあった。

三代・威一郎は、「学者」でも「政治家」でもない、「官僚」への道を迷うことなく選択した。その結果、「官庁のなかの官庁」と言われる大蔵省のトップたる「大蔵事務次官」にまで上りつめたのだから、父・一郎が一国の首相となって築き上げたピークに並ぶ、鳩山家のもう一つのピークを築き上げた人物だったと言える。

しかし、その威一郎が鳩山家に刻印されたさまざまなコンプレックスから無縁だったかと言えば、そうではないだろう。

まず、威一郎にとって、政治家としての父はあまりにも大きすぎる存在であり、絶対に超えることのできない存在だった。しかも、父を通じて知った政治の世界は、謀略や裏切りに満ちた「悪」の世界であり、悪人でなければ政治家は勤まらない、との印象を威一郎の心に刻みつけた。

だが、父や政治に対するそのような反撥もまた、コンプレックスと表裏一体をなす情動である。大蔵省を退官後、威一郎は参議院議員として政界入りするが、これは天下りの一つに数えられる定番のコースにすぎなかった。要するに、威一郎は父と政治に対するコンプレックスをバネに、官僚という第三の道をひたすら突き進んだ三代目だったのである。

しかも、いまだ解消されずにあった学者コンプレックスの方は、当の威一郎を素通りして長男の由紀夫に向けられていった。事実、由紀夫自身も、留学先のアメリカで愛国心とやらに目覚めるまでは、威一郎を含む鳩山家三代の期待を一身に背負う形で、学者への道を着実に歩んでいたのである。

しかし、人生には、どこに落とし穴が潜んでいるか分からない。

威一郎は「由紀夫は学者に、邦夫は官僚に」と考えていたようだが、その一方で、威一郎以外の鳩山家の人々には、「政治家にするなら邦夫、由紀夫は別の道に」というコンセンサスが存在していた。そして、威一郎と鳩山家との間に横たわっていた、この微妙な意見のずれを巧みにすり抜ける形で、まずは邦夫が、続いて由紀夫までが、威一郎の猛反対を押し切って政界入りを果たしてしまったのである。

さらに言えば、由紀夫が政治家への転身を決意したのは、突如として目覚めたとされる愛国心のためばかりではなかった。実際、耳触《みみざわ》りのいいその決意の奥深くで、猛反対する威一郎を巧みに説得して政治家への切符を手に入れた邦夫への、並々ならぬライバル心が渦巻いていたことは想像に難くない。

しかも、いわば邦夫を踏み台にして政治家になった由紀夫は、首相の座につくことで、政治家としては〝先輩〟であるはずの邦夫を猛スピードで抜き去ろうとしているのだから、邦夫の心中が穏やかだったはずはないのである。

事実、前出の「鳩山邦夫 大いに吼える」のなかで、邦夫は兄・由紀夫に対する不平を次のようにぶちまけている。

〈兄は努力家です。しかし信念の人ではまったくないと思います。自分の出世欲を満たすためには信念など簡単に犠牲にできる人です。この点は兄に対して非常に辛口にならざるを得ない。いまは虚像が前面に出すぎていますよ。実像はしたたかを絵に描いたような人で、自分のためになるのなら、どんな我慢もできるんですよ、あの人は〉

〈ズルい人ですから、いまでも政界遊泳術という点では日本一のスイマーでしょう。最後に自分がうまく昇りつめられるように、すべて計算して生きてきたという感じがします。だから見事だといえば見事なのですが、私のような自分の信念や正義感を大切にする人間からは、考えられない世界に生きている人ですね〉

由紀夫と邦夫の兄弟仲については、以前からその不仲が取り沙汰《ざた》されてきたが、それにしても大胆きわまりない発言である。

もっとも、邦夫は、法務大臣時代、「私の友人の友人がアルカイダ」と語って物議を醸《かも》した独特の言語感覚の持ち主である。加えて、右のインタビューでは随所に笑いやユーモアが見られることから、由紀夫に対する邦夫の発言を文字通りに受け取ることはできない。

ただ、二〇〇九年八月、民主党が政権交代を目指して闘った衆議院議員選挙の直前、日本記者クラブが六党の党首（自民党・麻生太郎総裁、民主党・鳩山由紀夫代表、公明党・太田昭宏代表、共産党・志位和夫委員長、社民党・福島瑞穂党首、国民新党・綿貫民輔代表）を集めて開催した党首討論会の質疑応答で、記者から弟・邦夫の相次ぐ由紀夫批判について問われた兄・由紀夫は、いささか憮然《ぶぜん》とした表情で、「弟のことはもういいでしょう」と吐き捨てている。その表情からは、場違いな質問を浴びせた記者に対する軽い抗議の気持ちとともに、自分への批判を公然と口にする弟・邦夫に対する、いくばくかの怒りの感情も読み取ることができた。

選挙の二か月余り前に浮上した由紀夫の偽装献金問題にしても、一部に由紀夫と邦夫の兄弟仲との関連を指摘する声があった。

一般には野党への転落を危惧《きぐ》した自民党のネガティブキャンペーンと言われているが、邦夫と親交のある複数の政界関係者からは、「由紀夫の秘密を最もよく知る男」として、邦夫の存在を指摘する声も聞こえてくる。

やはり、由紀夫と邦夫の間には、鳩山家以外の人間には推《お》し量《はか》ることのできない深い溝が存在していると見て間違いない。

華麗なる閨閥と「女系」四代

名門・鳩山家は、和夫から一郎、威一郎、そして現在の由紀夫・邦夫へと至る直系四代の男子の力だけで築き上げられたものではない。いや、むしろ、直系四代の男子の妻となった女系四代と、その女系四代から横に広がる閨閥《けいばつ》とが、鳩山家に今日の隆盛をもたらしたと言っても過言ではない。まさに子弟教育から財産形成に至るまで、鳩山家が「女系」と称されてきたゆえんである。

初代・和夫の妻・春子は、共立女子職業学校（現在の共立女子学園）の創立者の一人として知られている。津田塾大学を創立した津田梅子、日本女子大学を創立した成瀬仁蔵、東京女子医科大学を創立した吉岡彌生、女子美術大学を創立した横井玉子、戸板学園を創立した戸板関子らとともに、明治期における女子高等教育の発展に寄与した先駆者だった。

春子の父は信州松本藩（現在の長野県松本市）の藩士だった多賀努で、教育熱心な父に育てられた春子は、東京女学校（初の官立女学校で竹橋女学校とも呼ばれる）から東京女子師範学校（現在のお茶の水女子大学）を経て、東京女子師範学校に教師として奉職。その後、一八八六（明治十九）年に共立女子職業学校の創立に参加したほか、一九二二（大正十一）年には同校の校長にも就任している。

和夫と結婚したのは一八八一（明治十四）年。春子は夫の出世のために東奔西走した烈女として有名だが、長男・一郎、二男・秀夫の二人の男子をもうけてからは、子供たちの教育に心血を注いだ。

前出の『鳩山の一生』には、次のようなくだりがある。

〈既に、長子一郎の生れた時に、鳩山と春子との間に子弟の家庭教育に就いて大体方針が定められ、鳩山は一切を春子に信頼したとは云え、鳩山は決してそれを以て我不関の態度を採ったのではなかった、ただ春子が鳩山の意を汲んで教育に精進し、鳩山は直接間接にこれを助け、（中略）鳩山がよく春子を理解していたればこそ出来たことであって、決して春子一人の力では無かった〉

春子自身はこのように謙遜しているが、実際には、午前三時半にはすでに起床して、一郎と秀夫に英語や数学や日本外史などを教えていた。休日に一家で動物園や郊外に出かける際も、一郎と秀夫に鉛筆と手帳を持たせ、見聞したことをその場で記入させたほか、帰宅してからも日記を書かせて、作文の練習をさせていたというから、何ともすさまじい教育ママぶりである。

初代・和夫の鳩山家を陰で牽引《けんいん》した、この春子のお眼鏡に適《かな》ったのが、二代・一郎の妻・薫だった。

薫は横浜地方裁判所判事、東京地方裁判所判事などを務めた後、衆議院秘書課長、同書記官長などを経て貴族院議員となった寺田栄の長女で、義母・春子の死後、共立女子学園理事を経て、同理事長に就任した。十七歳の時、鳩山家に養女として入籍し（薫子と改名。戸籍上は薫）、二十歳を迎える一九〇八（明治四十一）年に一郎と結婚する。義母・春子と並ぶ「教育者」、さらには夫・一郎を支えた「賢夫人」としても広く知られている。

第二回鹿島平和賞を受けた鳩山薫共立女子学園理事長。1968年11月

実は、薫の実母・いく（寺田栄の妻）は、薫の義母・春子の姉にあたるすま（多賀努の長女）の娘である。明治時代、このような一郎と薫の関係は、「いとこ半」と呼ばれた。一郎と薫は幼なじみでもあったが、薫が鳩山家の養子となったのは、薫が鳩山家の嫁にふさわしいかどうか見定めるためだったようだ。その鑑定人の役を務めたのが、春子だったのである。

春子のお眼鏡に適った薫は、前述した共立女子学園のほか、同学園傘下の長をいくつも務め、一郎の死後は第五章で記す「友愛青年同志会」の二代目会長に就任し、民間女性初の勲一等瑞宝章も受章している。

春子同様、薫も自身から広がる閨閥はさほどではなかった。とはいえ、以下のように、娘たちの嫁ぎ先を通じて閨閥は一気に広がった。

長女・百合子――夫の古沢潤一は、東京大学法学部を卒業後、日本銀行入行。ロンドン、北京などの海外勤務の後、同行理事を経て日本輸出入銀行総裁に就任。

二女・玲子――夫の鳩山道夫は一郎の弟・秀夫の長男。東京大学理学部を卒業後、理化学研究所入所。戦後、通商産業省工業技術院電気試験所を経て、ソニー取締役に就任し、同社の研究所長や常務を歴任。

五女・信子――夫の渡邉暁雄《あけお》は日本フィルハーモニー交響楽団の創設にも功のあった指揮者。その長男・康雄は指揮者、二男・規久雄はピアニスト。義兄・忠恕《ちゅうじょ》は共同通信国際局長、同理事などを歴任。訳詩家でもある。

三代・威一郎の妻・安子は、鳩山家の女系四代のなかでも、最も華々しい閨閥を鳩山家にもたらした女性である。

安子の父は、言わずと知れたブリヂストンタイヤ創業者の石橋正二郎。この石橋家を介した閨閥にはまず、安子の妹・啓子を通じて宮澤喜一元首相へと辿り着く系譜がある。すなわち、啓子の娘で悦子の夫・裕夫の父にあたるのが宮澤元首相である。

同様に、父・正二郎の弟で元日本ゴム会長の進一を通じて池田勇人《いけだはやと》元首相へと辿り着く系譜もある。すなわち、進一の息子・慶一の妻・祥子の父にあたるのが池田元首相である。

さらに、安子の妹・多摩子の夫・公一郎の父にあたるのが石井光次郎元衆議院議長、正二郎の長男で元ブリヂストン会長の幹一郎の妻・朗子の祖父にあたるのが団琢磨《だんたくま》元三井合名理事長である。

加えて、威一郎、安子の長女・和子は元筑波大学教授の井上多門《たもん》に嫁いでいる。そして、多門の父は第一勧業銀行会長を務めた井上薫である。

このように、鳩山家は安子を起点として石橋家に通じることで、第五章で詳述する創業者・正二郎の莫大《ばくだい》な遺産とともに、政界、財界、学界などを横断する超一級の血脈を手に入れたのである。おそらく、安子がいなければ、三代・威一郎以降の鳩山家は、少なくとも現在のような形では存在し得なかったに違いない。

鳩山威一郎五年祭で参列者にあいさつする（左から）鳩山邦夫、由紀夫夫人の幸、鳩山由紀夫、威一郎夫人の安子。1998年12月

威一郎、安子の長男・由紀夫は、元宝塚女優の幸《みゆき》を、二男・邦夫は元タレントのエミリーを、それぞれ夫人に迎えた。

なお、エミリーの姉・理沙もまた、石橋幹一郎の長男で石橋財団理事長の寛に嫁いでいる。つまり、鳩山家は四代目の由紀夫・邦夫の代を迎えて、また一つ、石橋家の閨閥につながる足場を手に入れたのである。

作家の神一行《じんいっこう》は、その名もズバリの著書『閨閥』（角川文庫）のなかで、次のように指摘している。

〈家格をあげる手っ取り早い手段としては、皇族や旧華族の外戚といった〝名家〟との結合である。池田勇人や松下幸之助の家系ですら旧華族と結びついて、家名を上げている例をみれば、それがいかばかりなものか理解できよう。
また、閨閥の効用は単に名誉だけをともなうものではない。当然のことながらもっと実利的な意味もある。権力ある家系は財力ある家系と、財力ある家系は権力のある家系と、より大きな富と権力を求め、さらなる名誉と権勢を得て、新支配階層の一員となっているのである〉
前述したように、池田勇人元首相の池田家は鳩山家が手に入れた閨閥の一つである。池田家は北白川宮能久親王《きたしらかわのみやよしひさしんのう》へとつながる閨閥を有しているが、鳩山家の別の政界閨閥にあたる宮澤喜一元首相の宮澤家もまた、三笠宮寛仁親王へとつながる閨閥を有している。
名誉と財力、そして権力――。あらゆる点で、名門・鳩山家は、戦後日本の新支配階層を代表する特権階級と言っていい。

第二章

鳩山農場と鳩山家

開拓農場主・鳩山和夫

北海道の玄関口にあたる新千歳《しんちとせ》空港（千歳市、苫小牧《とまこまい》市）からおよそ三二キロ、JR室蘭本線・栗山《くりやま》駅界隈の市街地を走り抜け、道道三笠栗山線をしばらく進むと、まるで絵葉書のような北の大地の広大な田園風景が目に飛び込んでくる。

北海道夕張郡栗山町鳩山。東を夕張市に接したこの田園地帯に、鳩山家初代の鳩山和夫が農場主として開拓農場・栗山共同農場（後の「鳩山農場」）を拓《ひら》いたのは、今を去る一世紀以上も前の一八九四（明治二十七）年のことだった。

一九八四（昭和五十九）年、開拓第一世代の子孫らを中心メンバーとする「部落史はとやま編さん委員会」によって編まれた開拓郷土史『部落史　はとやま』には、当初のいきさつが次のように記されている。

〈鳩山農場は、明治二十七年東京の鳩山和夫衆議院議長が一二〇町の払下《はらいさげ》出願し、同年別に北村萩右衛門も六六町を出願（後に中川一介氏所有となる）して、栗山共同農場の名称で

かつて「鳩山農場」があったあたり。鳩山神社の参道から望む（2009年、著者撮影）

明治二十八年より開墾《かいこん》に着手した〉

和夫が実際に衆議院議長に就任するのは、二年後の一八九六（明治二十九）年のことだが、それはともかく、実際にこの地で開拓に着手したのは富山、香川、徳島などの諸県から移住してきた第一世代の小作農だった。和夫は、一八八六年の国による北海道土地払下規則の制定以来、北海道各地で雨後の筍《たけのこ》のように次々と出現した、いわゆる「不在農場主」「不在地主」の一人だった。

栗山共同農場として拓かれた開拓農場は、その後、「鳩山農場」として和夫の手元にまとめられていった。前出の『部落史』はとやま』にも、その間のいきさつが次のように記されている。

〈明治三十六年に至って中川氏との共有を廃し、鳩山氏単独所有となる。更に、明治四十年近接の松平基則氏所有地八六町歩を譲り受け、益々《ますます》開拓に励み、入植者も増えていった〉

栗山町所蔵の各種資料によれば、鳩山農場として和夫の単独経営となった一九〇三年当時の状況は、水田一一町歩、畑七〇町歩、未開地一〇〇余町歩、小作農戸数四〇戸。ということは、さらに八六町歩を譲り受けた一九〇七年には、農場は水田と畑と未開地を合わせておよそ二七〇町歩、坪に換算して約八一万坪にも及ぶ広大なものになっていた計算になる。

今でこそ、田畑のなかをトラクターが走り回る、見事に整地された農場になっているが、開墾当初は大木や灌木《かんぼく》、アシやクマザサなどが繁茂する原始の大地だった。前出の『部落史はとやま』も次のように伝えている。

〈当時、アカダモ、ハン等幾種類もの大木が、聳《そび》え、一本の樹木を切り片付けるには数日も要し、又、かん木や笹、よし等の雑草を焼払い、播付《まきつけ》できる耕地にするに大変な日数を要し、開墾作業は想像以上の重労働であった。それにコクワ、ブドウ等のつるがからみ、熊笹が密生し、川沿いは太いよし、スゲ笹等何百年来の雑草が繁茂し、昼尚《なお》暗い原始林であった。入植者はこの様な状況の土地を辛棒強く鋸《のこぎり》と斧で一本一本切倒し、鍬《すき》一丁で土地を耕し長い年月を経て今日の沃野《よくや》としたのである〉

開墾の済んだ平地には、早く収穫できるエンバク、アワ、キビ、イモ、ソバなどが食糧確保のために蒔《ま》き付けされた。

しかし、栽培技術が未熟な上、作物が早霜で枯死《こし》してしまったり、水害で流されてしまったりして、満足な収穫が得られない状況が何年も続いた。その間、入植者たちは互いに譲り合って飢えをしのいだ。

未開墾地には蟻塚も無数にあり、大きいものでは実に一メートルを超す高さのものもあり、焼き払っても焼き払っても、二、三日もすれば新たな蟻塚がまた次々と出現する有様だった。しかも、人畜は昼夜を問わずアブや蚊に悩まされたというから、まさに「想像を絶する辛苦の連続」である。

その昔、北海道は「エゾ」と呼ばれていたが、一八六九年、「北海道」と改称されたのを機に、道内各地で本格的な開拓が始まった。

とくに、前述した一八八六年の北海道土地払下規則の制定以降、北海道開拓が一種のブームの様相を呈し、現在の栗山町も開拓適地として世の脚光を浴びるようになった。和夫が不在農場主となった同じ年、鳩山農場の隣に福井農場（佐倉農場または堀田農場）という名の開拓農場も拓かれたが、やはり開墾当初の入植者たちは筆舌《ひつぜつ》に尽くし難い耐乏生活を強いられた。

先住民であるアイヌの人々は、冬でも最小限の衣服を身に纏《まと》っただけの姿で原野を走り回り、狩をしていた。しかし、内地から移住してきた入植者は、北海道の気候風土を知らないまま、とりわけ酷寒期の厳しさを知らないまま、北の大地の自然の猛威に晒《さら》された。それが脱落者を生む一因にもなったが、入植者たちは衣食住に工夫を加えて冬を乗り切っていった。夏の間に十分な薪《まき》を準備し、農閑期にわらじ、つまご、ふかぐつ（ワラで作った長靴）などを用意した。土にワラやアシなどを練り合わせて壁を造り、さらには家の周囲にアシを立て巡らせて、吹雪が家のなかに吹き込むのを防いだのである。

明治中期、北海道内では水田耕作の気運が高まった。現在の栗山町の地でも、和夫が農場を拓く前年の一八九三年、泉麟太郎《いずみりんたろう》によって水稲が試作され、結果も上々だったことから、域内各地で造田が始まった。

一八九七年、鳩山農場でも水稲耕作が始まり、一九〇三年には水田の面積が一一町に達した。当初は小さな沢を堰《せ》き止め、点在する水田に水を引いていたが、その後、農場内を流れるポンウエンベツ川を堰き止め、用水路が拡張、整備されたことから、開田が一気に進んだのである。一九〇七年には乳牛の飼育も始まり、域内の牛乳の大部分が鳩山農場から出荷された。

ところが、開田が進むにつれ、次第に水不足に陥った。一九二三（大正十二）年に小さな貯水池が造られたが、水不足はなかなか解消されず、一九二五年、小作農一同が地主である一郎に実情を訴えた。翌一九二六年、一郎から許可が下り、大きな貯水池が完成した。ポンウエンベツ川からの用水路による導水と新たに完成した貯水池によって、鳩山農場は払下から四〇年を迎える頃には域内でも最有力の農場の一つに数えられるようになった。

栗山町所蔵の各種資料によれば、一九二六年当時の鳩山農場の状況は、水田五〇町歩余、畑一七〇町歩、山林等四〇町歩余、小作農戸数四六戸。この頃、鳩山農場は、その広大さから「音羽御殿」ならぬ「鳩山御殿」とも呼ばれていた。小作農への農地解放が行われた戦後の一時期には、自作農戸数八九戸、自作農数五二二人を数えたこともある。

ちなみに、開拓前夜にあたる一八八九（明治二十二）年当時の日常物資の価格は、『部落史　はとやま』によれば、手拭《てぬぐい》一本が四銭、靴下（軍足）一足が二・二銭、醤油《しょうゆ》一升が二八銭、塩一俵が五二銭、砂糖一斤《きん》が九銭、酒一升が一三銭、豆腐一丁が二銭、白絞油《しらしめゆ》一升が三八銭、木炭一俵が一五銭、石油一升が一六銭、筵《むしろ》一枚が七銭、窓鍬一丁が一円八七銭、鎌一丁が八銭、ハガキ一枚が一銭、切手一枚が二銭、畳一枚が六〇銭、鉛筆一本が二銭という相場だった。

このうち、後年の価格との比較が可能な日常物資について見ると、戦争が始まった一九四一（昭和十六）年には手拭一本が一八銭、靴下（軍足）一足が二三銭、醤油一升が六〇銭、砂糖一斤が二八銭、酒一升が二三銭、豆腐一丁が一三銭へ、『部落史　はとやま』が発刊される二年前の一九八二年には手拭一本が一八〇円、靴下（軍足）一足が一六〇円、醤油一升が四四五円、砂糖一斤が二九七円、酒一升が一六六〇円、豆腐一丁が七〇円へと、時代の移ろいとともに値段も移り変わっている。

一八八九（明治二十二）年当時、後に鳩山農場となる付近に商店はなく、人々は二里余り（約八キロメートル）もの悪路を歩いて、角田まで日常物資を買い出しに出かけなければならなかった。鳩山農場が拓かれる二年前の一八九二年、北海道炭礦鉄道の岩見沢〜室蘭間（現在のJR室蘭本線）が開通、栗山駅が翌年開業すると、あちらこちらに商店ができ始め、買い出しもいくぶん便利になった。

鳩山農場のあった場所の地名は、一九三五（昭和十）年の字名地番改正によって、それまでの「ポンウエンベツ」「字雨煙別《あざうえんべつ》」「字栗山《あざくりやま》」などから「字鳩山《あざはとやま》」に変更、統一され現在に至っている。しかし、和夫が農場を拓いて以降、鳩山農場に入植した人々を含め、この地は「鳩山部落」と呼び習わされてきており、今でもその愛称は変わらない。

不在農場主と小作入植者。まさに、悲哀の情なくしては語れない歴史である。

農場と恋文と鳩山一郎

初代・和夫が鳩山農場を拓いて後、農場の中心部にあたる一角に、農場を管理する事務所が建てられた。鳩山農場では入植者のなかから不在農場主の和夫に代わって農場を管理する農場監督者が選ばれていたが、この管理事務所は一九〇三（明治三十六）年から一九二八（昭和三）年まで農場監督者を務めた長谷川本孝の自宅横にあった。

現在はすでに取り壊されて更地になっているが、当時の建物は広い前庭に縁側と庇《ひさし》を備えた木造二階建ての日本家屋で、管理事務所はまた鳩山家の別荘も兼ねていた。一九〇四（明治三十七）年頃から毎夏、和夫はここに家族を引き連れて避暑に訪れていたようで、前出の『鳩山の一生』にも次のような記述を確認することができる。

〈殊《こと》に、鳩山は自然を愛し、就中《なかんずく》農事に関係することが好きであったから、子供等と共に畑を作るばかりでなく、明治三十七年頃から北海道の農場に毎年出かけて、毎日百姓の働くのを見たり又自らも幾分づつ労働をして楽みとした、農場の中には川もあったから、釣好きな鳩山はよくその川に出かけたりした〉

前出『若き血の清く燃えて』には、管理事務所兼別荘の縁側から庭に足を投げ出して座る和夫と妻・春子、その後ろの縁側の上に座る母・喜久子、二階の窓から外を眺める長男・一郎と二男・秀夫らの姿を捉えた集合写真が掲載されている。写真には足元に座って和夫を見上げるブチ柄の犬の姿も見えるが、右の記述にある何気ない言葉遣いからも窺えるように、写真の図は小作入植者たちの過酷な日常とはおよそ次元の異なる、夏の日のあまりにものどかなワンシーンである。

そのせいかどうかは分からないが、開拓第一世代の子孫にあたる、現在の鳩山の地の人々に尋ねても、初代・和夫が避暑に訪れていたことを祖父や父から耳にしたと話す人はほぼ皆無だった。しかし、現実に和夫は避暑に訪れていたのだから、あるいは時の流れのなかで、和夫に関する伝聞が途切れてしまったということなのかもしれない。

ただ、二代目の一郎にまつわる伝聞に対する人々の記憶は、実に鮮明だった。

一郎は学生時代から管理事務所兼別荘によく避暑に訪れており、夏の日の昼下がり、後に妻となる薫に宛てたラブレターらしき手紙の束を持って、数キロも離れた旧国鉄・栗山駅近くの郵便局まで、てくてく歩いていく姿がしばしば目撃されていた。また、一郎が避暑にやって来る際には、若い入植者たちが一郎を駕籠《かご》に乗せて、栗山駅と鳩山農場の間を送迎したという。

一郎が東京帝国大学法科大学に入学したのが一九〇三（明治三十六）年、父・和夫が農場に訪れるようになったのが一九〇四年頃からだから、一郎と和夫は少なくとも何度かは連れ立って避暑に訪れていたはずである。

にもかかわらず、一郎に対する人々の記憶が鮮明で、和夫に対するそれがいささか希薄なのは、薫に宛てたラブレターの束を手にして恋に悩む一郎の姿が、人々にいかにも奇異で場違いな印象を与えたからだろうか。


一郎と薫が「幼なじみ」で「いとこ半」の関係にあり、一九〇五年、薫が嫁としてのいわば「適格検査」のため鳩山家に養女に出されたことは、すでに第一章で紹介した。

実は、その二年前、ちょうど一郎が東京帝国大学に入学したのと同じ年、薫の父の寺田榮は同郷（福岡県）の先輩で東京帝国大学教授を務めていた寺尾《てらお》亨《とおる》（法学博士）のもとへ、薫を家事見習いに出している。

寺尾家で、薫に見合い話でも持ち上がったらどうしよう——。

一郎は薫のことが心配でならず、薫のもとへよく電話をかけたようだが、その後、一郎の懸念《けねん》は現実のものとなった。寺尾夫人が寺尾家に出入りしていた青年との見合い話を、薫に持ちかけたのである。

薫自身は時々遊びにいく音羽の家の一郎への思いを胸に秘めていたため、話に乗ることはなかったが、これを伝え聞いた一郎の方は、薫への思いをさらに募らせながら悶々《もんもん》たる日々を送っていたのである。

実は、『若き血の清く燃えて』には、「鳩山一郎から薫へのラブレター」との副題が添えられており、一郎が薫へ宛てたラブレターが五五通、採録されている。この本が「川手正一郎編・監修」とともに「鳩山一郎著」とされているのもそのためだが、そのなかには鳩山農場の管理事務所兼別荘を避暑で訪れた際に送られたものもある。

貴重な歴史的文献でもあるので、北海道からの一通を紹介してみたい。このラブレターからは、待ち焦《こが》がれていた薫からの返信が届いた際の、一郎の飛び上がるような喜びが伝わってくる。ちなみに、手紙のなかに出てくる「妹」「シスター」とは薫のこと、「兄」「ブラザー」とは一郎自身のことで、日付は「明治三十七年九月九日」となっている。

〈愛する愛する妹よ。待って待っていたお手紙、今日朝九時にやっと来ました。うれしくて

うれしくて、ああ、まるで気がなくなった様です。幾度も繰り返して見ては懐かしくなって、たまらずとうとうあれにKissしました。シスターのLips（唇）にするかわりに、もし人が見てたらば、どうでしたろう。

今朝、行き違いに出しました。あれを書く時は、悲しくて泣く位でしたが、今これを書いてる時は、うれしいのと淋しいので、どうしても半分きりの様です。妹よ、やっぱりそう思って下さるの、ああ、たまらないのです。

清き愛を以《も》って、結ばれたる二人、美しい高い思いではありませんか。ああ、続けて下さい。破る人のない様にね。かおるさんを失って半分でながらえていられると思って？　かおるさんさえ変わらぬ心を持ってて下されば、互いに手をたずさえて、永久に堅く遊べるに違いありません。誰とて妨《さまた》げる事は出来ないわけではありませんが、ああ、抱きたいのです。

少しも書いて下さらないものですから、この頃は床《とこ》に入った時とか、材木の上に一人で横になってるともうたまらなくなって、色々の事のみ考えていました。

悲しくなって仕方がなくなると、一緒に本郷《ほんごう》をまわって歩みし事や、ひぐらしの森の中を手を取って散歩した時の事など思い出してはなぐさめていました。

ああ、妹の気高き凜《りん》とした風采《ふうさい》、今も夢の様に見えますよ。ああ、一緒にいて心も身も皆投げ出して上げたいのです。シスター！　その美しい心と高き思いを保っていて下さいよ。また、シスターのつとめをよくして下さい。ピアノと歌、ああ、聞きたいのです。ブラザーも出来る限り心を清くします。

そうしたら、きっと互いの理想達せられないわけはありません。今、もうよします。あまりに、二階に居過ぎますから。　兄より〉

右のラブレターの文面のうち、前半にある「あれを書く時は、悲しくて」の「あれ」とはこれ以前に書いたラブレターのなかの一通、最後の「二階に居過ぎますから」の「二階」とは鳩山農場の管理事務所兼別荘の二階を指しているものと思われる。

実は、「明治三十七年七月二十二日」の日付が入ったラブレターで、一郎は北海道へ向かう夜汽車に揺られながら、上野の駅まで自分を送ってくれた薫への思いを綴《つづ》っている。右のラブレターの日付が同年の九月九日だから、この年の夏、一郎は少なくとも一か月半以上、北海道に滞在していたことになる。

一郎が薫にラブレターを送るようになったのは一九〇四年の年明けからだが、『若き血の清く燃えて』には、一郎から薫への記念すべき最初のラブレターも採録されている。歴史的文献としての価値はさらに高く、以下に紹介してみたい。日付には「明治三十七年一月九日朝」とある。

〈昨日の寒い夜に、青白き電灯の光にピラミッドの影法師をうつし乍《なが》ら帰る時は淋しくていやでした。

でもね同じ心の敬《けい》するシスターが忘れないで下さると思えば、何も手を取っていなくともかまいはしないと、心を抑《おさ》え乍ら帰って参りました。一時はつらくてたまりませんでした。今も、もし本当にシスターを見ることが出来、Kissする事が出来ればなあと！　ああ、おさえましょうね。

これから少し勉強して眠るのですが、その前に少しシスターに向かって話した訳《わけ》ですよ。では、さよなら。

昨日（八日）書きましたのは、別の紙にしたのですが、それはよしましょうね。

夜、オライオンなどをながめておりましたが、一寸《ちょっと》淋しくなって書いたのです。今は、九日の朝八時少し過ぎなのです。いつでも何となく物足らぬ心地のするのは、お互い様の事でしょう。仕方がありませんね。

シスターは、でも本当にえらいのですよ、どうしてでしょうか。僕にも、閉口閉口。これから一生懸命に忍耐の稽古してPure（清らか）の人となります。

益々忍耐して、きっと益々苦しくなりましょうね。決してシスターをTrust（信用）しない訳ではないのですが、淋しいとつい変になるのですね。

この日から自分の心がまよって、シスターに書いていいのでしょうか、もしシスターもあまりにつまらぬ手紙を受け取られて、お困りになるのでしょうなと、思っていました時分は、つらくて悲しくてたまりませんでした。でもシスターは書く事を許して下さいましたし、自分も清くシスターとして愛しても道徳上悪い事はないと思っていますから、今は、又書いていますしこれからも二人互いに信じて互いに愛しましょうではありませんか、いいでしょう。

そうしてシスターを離れては、僕は世の中があまりに無味です。何の為《ため》に苦痛を忍ぶのでしょうか。シスターと楽しむ為に。何の為に勉強するのでしょうか。シスターと話を為《な》しピアノを聞きたい為にですよ。あまりに書くとまたお笑いになるから止《や》めましょう。時々思いがけない苦しみを人から受けますが、あなたもですか。自分には理由が判らないのです、ひどいではありませんか。

でもね、シスター。少し離れても心を同じく互いに愛する友が同情をよせて下さると思えば何でもないのですね。シスター、強く堅く交わって下さいよ、永久に、人をだましてはいやですよ。ああ、もしシスターがだまして下さったら、どうしましょう。

また、お話しする時が来る事を願っています。遊びには来て下さらないの。

明日は、おいでになれなければ教会に立ち寄って下さいよ。ああもうよしましょうか。

何だか書きたい事は、山々あるのですが、自分で制します。　兄より　妹に〉

右のラブレターにある「昨日（八日）書きましたのは、別の紙にしたのですが、それはよしましょう」のくだりは、「昨日、別の紙に手紙を書いたがやめた」という意味である。別の箇所には「でもシスターは書く事を許して下さいました」とあり、この手紙が一郎から薫へ宛てた初めてのラブレターだったことが分かる。

また、最後に出てくる「教会」とは、音羽御殿の近くにあった「ブラクマ・ホーム」を指している。一九〇七年、女子学院を卒業した薫はブラクマ・ホームに入塾し、ここで英語や音楽（ピアノ）や料理などを学んだ。ブラクマ・ホームはマンツーマンの女子教育塾だったが、一郎も子供の頃からこの塾の女性教師・アスボンに英語を教わっている。

後に一国の宰相となる一郎にも、多感でナイーブな青年期があった。

小作入植者の反乱と鳩山家

一八九四（明治二十七）年に初代・和夫によって拓かれた鳩山農場は、小作農として入植した人々の想像を絶する努力によって、二代・一郎の時代には「音羽御殿」ならぬ「鳩山御殿」と呼ばれるほどの隆盛を見せ、開拓から四〇年を迎える頃には、域内でも最有力の農場の一つとしてその名を轟《とどろ》かせた。

しかし、鳩山農場には、小作入植者たちの筆舌に尽くし難い辛苦や耐乏の開発史とはまた別に、近現代史の闇に見え隠れする、名門・鳩山家とのいささか不幸な歴史が、少なくとも二つ存在する。

その一つは、一九二六（大正十五）年、全国的に勃発した小作人争議である。鳩山農場が「鳩山御殿」と呼ばれるようになったまさにこの年、未曾有《みぞう》の大凶作が北海道を襲った。当時、鳩山農場は角田村（一九四九〈昭和二十四〉年、栗山町と改称）に属していたが、この大凶作を契機に、村内でも小作人による農民組合が次々に結成され、小作料の減免などを要求する農民運動が展開された。

なかでも鳩山農場に近い湯地農場で角田村農民組合湯地支部が上々の運動成果を収めていたことから、翌年の一九二七（昭和二）年三月五日、鳩山農場でも小作人有志一同が角田村農民組合湯池支部の協力を得て、鳩山家側に小作料の減免などを訴える嘆願書を提出した。ところが、鳩山家側から満足のいく回答を引き出すことはできず、小作人有志一同は農場監督者・長谷川本孝に対し重ねて交渉するよう訴えたが、今度は農場監督者が上京して不在のため訴えは頓挫《とんざ》した。

そこで、小作人有志一同は、直接、北海道庁に小作料の減免などを陳情。道庁からは村長

（板東徳次郎）に対し、双方の関係者一同を役場に集めて話し合うよう指示があったが、やはり農場監督者が上京不在だったため、農場監督者の帰村を待ってから話し合いを行う旨、決定がなされた。

しかし、農場監督者の帰村は遅く、同年七月に上京した道庁の小作官は、八月二十二日に双方の関係者一同を役場に呼んで話し合いを行うべく、調停に乗り出した。八月二十二日と二十三日の二日間、小作官と村長が調停役となって話し合いが持たれたが、それまでの感情のもつれもあり、双方ともにみずからの主張を譲らず、調停は不調に終わった。

そこで、小作人有志一同は日本農民組合（現在の全日本農民組合連合会、いわゆる全日農のルーツ）に加盟するとともに、角田村農民組合鳩山支部を結成し、小作料を共同管理するなどして抵抗を続けた。

ところが、一九二八年三月十五日、社会主義的な政党運動や農民運動に危機感を抱く田中義一内閣のもと、日本共産党（非合法政党とされていた第二次共産党）や労働農民党（合法とされていた左派の無産政党）などの関係者が大量検挙される、いわゆる三・一五事件が発生。この事件を機に、小作人争議そのものが世論から孤立していくなか、角田村農民組合鳩山支部も官憲による弾圧を受け、同支部は日本農民組合からの脱退と解散を余儀なくされた。

同年八月に入って、小作人有志一同は、小作料の減免要求分を差し引いた小作料の納入を、農場監督者を通じて鳩山家側に申し入れる。しかし、鳩山家側はあくまでも小作料の全額完納を要求し、申し入れはあえなく拒否された。そこで、九月、小作人有志一同は、再度、道庁の小作官に調停を依頼。十一月十五日、小作官、村長、農場監督者、小作人代表らによる話し合いが行われた結果、三年に及ぶ小作人争議はついに解決の日を迎えたのである。

この頃、鳩山農場は一郎とその弟・秀夫の共同所有になっていた。鳩山農場が小作人争議で揺れた三年間、一郎は立憲政友会幹事長、田中義一内閣書記官長（現在の内閣官房長官）などを務めており、秀夫もまた東京帝国大学教授を退官して弁護士を開業していたことから、当時、鳩山農場の小作人争議は、国家権力と小作農の闘いとして、世間の大きな注目を集めた。

鳩山家と小作入植者たちとの、いささか不幸な歴史のもう一つは、戦時下の一九四二年に勃発した自作農要求争議である。

自作農要求争議は、小作料の減免などを求める前述の小作人争議などとは違い、小作人が農場主に農地の払い下げを迫る、すなわち小作農が自作農を目指すという、ドラスティックな変化をともなう闘いだった。

前出の『部落史　はとやま』には、当時の争議の顚末《てんまつ》が次のように記されている。

〈昭和十七年自作農要求争議であるが、当時として、この種の件について各地で要求されていたので、鳩山でも小作人代表が上京して嘆願書を提出した。鳩山一郎氏に直接面会を求めたが、拒否され、家令の回答は、先代の遺産であるから分割譲渡は希望しない。国の方針が決定すれば止むを得ない、また価格も反当一〇〇円は安すぎるとの返事で、これ以上話は進展せず終戦を迎えた〉

ここに登場する「家令」とは一郎の代理人を務めていた弁護士のことで、嘆願書提出のため上京した「小作人代表」は三名だった。

その三名の小作人代表の一人を父に持つ田中弘記（栗山町鳩山在住）によれば、東京の「音羽御殿」に交渉に出向いた小作人代表は田中信重（弘記の父）、金森兼吉、大屋亀一。しかし、農場主である一郎には会うこともできないまま、一切の要求が聞き入れられなかったことから、その後、鳩山農場内では「小作人代表はどうやら音羽御殿に続く坂道すら登らせてもらえなかったようだ」との噂話が広く流布《るふ》することになったという。

もっとも、この東京行きにはオチがついていて、田中によれば、東京からの帰路、小作人代表三名は「せっかくだから」ということで、日本三景の一つとして名高い松島に立ち寄ったとか。その時に撮られた記念写真が、今も田中の手元に残っている。

それはともかく、この時の鳩山家側の態度は強硬で、農地払い下げの約束を求める譲歩案まで突っぱね、小作人側の二度にわたる要求を完全黙殺した。

佐野眞一「鳩山家『仮面の百四十年』」には、一九四三年三月発行の特高（特別高等警察）の資料が紹介されている。記事によれば、表紙に「秘」の判のあるその資料の最後には、鳩山家の家令を務めていた鈴木盛という人物の自作農要求争議についての感想、それも鳩山家の家風を実によく示す感想が次のように記されていたという（傍点は佐野）。

〈嘆願書に謳《うた》ってあることは誠に結構なことで、理屈としては立派なものである。小作人たちは戦争という時局と政府の増産対策という後楯を用意して然《しか》も公定価格という絶好の機会を把《つか》んでしゃにむに地主の手から土地を奪いとろうとしているようにもみえる。ちょうど昔の職工がストライキで工場乗取りを策したのと同じだ。大体一反百円（公定価格）では地主が完全に潰れてしまう。政府が地主が潰れることを承知の上で斯《か》る方針をとっているとすれば、まるでソ連のやり方と同然だ〉

終戦を迎えた一九四五年、連合国軍最高司令官・マッカーサーの指令によって、いわゆる農地解放が実施された。国会で審議された第一次農地解放案は妥協的な面が多かったことから、GHQがより徹底したものを要求、一年後の一九四六年、農地解放に関する法律が再整備された。小作農に対する農地解放は画期的に進み、全国ベースでおよそ八割の農地が小作農の手に解放されたのである。

前出の『部落史　はとやま』は、自作農要求争議のくだりを次のように結んでいる。

〈栗山町は、当時まだ五八・六％が小作人地で、自作農は四一・四％に過ぎなかった。これを二カ年でこの大改革の完遂を義務づけられたことから、農地委員会は膨大な業務を負い、当時の事務局（局長赤塚勇治）は連日の徹夜作業であったといわれる〉

第二次農地解放の結果、鳩山農場では、水田五一町歩、畑一七九町歩の合計二三〇町歩の農地が小作農の手に渡った。恩恵を受けた小作農戸数は五二戸に上った。

鳩山由紀夫と鳩山神社

第二次農地解放によって、「不在農場主」と「小作入植者」という、「鳩山家」と「鳩山の地」を結びつけてきたそれまでの〝えにし〟は消滅した。

しかし、奇縁とはよく言ったものである。

それから三九年後、北海道夕張郡栗山町鳩山の地に、再び鳩山家とこの地を結びつける新たな〝えにし〟がもたらされた。一九八六（昭和六十一）年、鳩山家の四代・由紀夫がこの栗山町を含む旧北海道四区から、突然の「落下傘候補」として衆議院議員選挙に出馬し、初当選を果たしたのである。

中選挙区制時代の旧北海道四区は胆振《いぶり》地方から日高地方、空知《そらち》地方へとまたがる広大な選挙区で、空知地方にあたる栗山町は岩見沢市、深川市、滝川市などとともに、そこに属していた。小選挙区制が実施された一九九六（平成八）年以降、由紀夫の選挙区は胆振地方から日高地方にかけての現北海道九区に編入され、現北海道十区に編入された空知地方の栗山町

鳩山農場のあった場所に建つ、鳩山中央公民館（2009年、著者撮影）

は由紀夫の選挙区から外れたが、その間にあたる都合一〇年間、栗山町、とりわけ鳩山農場のあった場所にそのまま重なる栗山町鳩山の地は、由紀夫と鳩山家にとっても、鳩山の地の人々にとっても、かつての鳩山農場とはまた別の新たな歴史を刻む土地となったのである。

実際、今も「鳩山部落」と呼ばれる鳩山の地を歩いてみると、「鳩山池」「鳩山川」「鳩山中央公民館」など、地名と鳩山家にちなんだ数多くの名前を目にすることができる。なかでも目を引きつけられるのが、鳩山の地の中心付近、すなわちかつての鳩

「鳩山神社」の石柱（2009年、著者撮影）

山農場の中心付近に建つ「鳩山神社」である。

道道三笠栗山線の脇に立つ石柱には、表側に「鳩山神社」「参議院議員　鳩山威一郎謹書」、裏側に「昭和五十一年九月造営記念」の文字が刻まれている。この石柱から砂利道の参道を二〇〇メートルほど進むと社殿があるが、前出の『部落史　はとやま』は鳩山神社の歴史を次のように伝えている。

〈開拓が進むにつれ小作者も増えて、住民の安住の願いを込めて、鎮守の神として奉るべく、明治三一年、鳩山農場地内（現在地）に一八〇坪を境内として、神殿、拝殿、併せて十三坪、木造柾葺《まさぶき》を建立し天照大神を氏神と祀《まつ》り「紅葉神社」と命名した。当時この地には多くの「もみじ」が野生し秋になると紅葉が見事であったのでこの名がつけられた。

鳩山神社の鳥居（2009年、著者撮影）

以来例祭日として春は四月十日、秋は九月二十日に決め、五穀豊穣《ごこくほうじょう》、家内安全を祈願して来た。

明治四一年九月祭典日に、住民の若者達による、奉納角力《ほうのうすもう》の後、不慮の火災に遭《あ》い、全焼早速住民の手により応急措置がなされた。

大正一四年、当時の金額にして弐百円の予算を立て、氏子の寄附を仰ぎ、大修理がなされた。

戦後、雨煙別小学校の奉安殿の払い下げを受けて、神殿として併置した。

また鳥居についても木造なために、傷みが激しく幾度か建て替えをし、戦後では、一時期（昭和二六年）住民となった女池氏の作品

も風雪に耐えかね老朽化したので、昭和四五年維持管理を考えて鉄製のものとし、山本鉄工所が作成し現在に至っている〉

この間、秋の例祭では、遠方に住む親戚との交流が盛んに行われた。奉納余興として、青年団による宮角力、素人芝居なども催されたが、とくに素人芝居は人気を博した。

秋の例祭日は一九六〇（昭和三十五）年から九月十三日に変更され現在に至っているが、ではなぜ「紅葉神社」と呼ばれていたこの神社が「鳩山神社」と呼ばれるようになったのか。

実は、一九七六年、老朽化した社殿の建て替えが行われた。氏子の一人によれば、この時、氏子の総意によって、それまでの「紅葉神社」から、現在の「鳩山神社」へと名称が変更されたのだという。

もう少し『部落史　はとやま』を追ってみよう。同書には、一九七六年の社殿建て替えについて、次のように記されている。

〈老朽化が目立ち改築造営の気運が急激に高まり、昭和五一年四月に住民の総意を結集して奉賛会（会長、金森富雄）が発足して、工事業者大柳組を依頼して、神殿、拝殿を含めて十

鳩山神社の社殿（2009年、著者撮影）

五坪の神明造りで、事業費二三〇万円で行なわれた。

これと同時に、境内及び参道の整備、電灯の設備、鳥居の補修等、二五〇余万円の費用を投資し、総事業費五〇〇余万円を費し、五十一年九月に装いを一新して完成した。

資金の調達には氏子は元より、内外の篤志《とくし》者の協力を得たが、特に小笠原治郎日本高圧コンクリートKK社長には、特段の御援助を賜った〉

そして、『部落史　はとやま』は、このくだりを次のように記している。

〈これを機会に、地域住民の意識の変化に伴い、伝統ある社号を「鳩山神社」と改め、鎮

守の神として永久に安住の地と祈念し、決意を新たにしたのである〉

たしかに、神社のある場所の地名は「鳩山」なのだから、社殿建て替えの際、「紅葉神社」から「鳩山神社」へと名称変更されたことには、一定の蓋然《がいぜん》性は存在する。

しかし、名称変更の理由は、氏子の一人が説明するように「氏子の総意」だけなのか。あるいは、『部落史　はとやま』にあるように「地域住民の意識の変化」だけなのか。穿《うが》った言い方をすれば、名称変更された「鳩山神社」の「鳩山」は、その半分は地名に由来しているとしても、もう半分は「鳩山家」の「鳩山」に由来しているのではないか。

そのような問題意識から、再度、『部落史　はとやま』を追っていくと、「紅葉神社」改め「鳩山神社」の縁起について、次のような興味深い記述を発見することができた。

〈明治二七年農場主として入植した鳩山和夫氏が、敬神崇祖の念に燃え、自からの屋敷内に祠を設置して、崇拝していたのが起りである〉

この記述に見える「自からの屋敷」とは、前述した鳩山農場内にあった鳩山家の「管理事務所兼別荘」を指している。この記述に従えば、要するに、鳩山神社のルーツは、その半分が「敬神」として土地の氏神を祀るための神社、もう半分が「崇祖」として鳩山家の先祖を祀るための神社だった、ということになる。

しかも、別の氏子によれば、『部落史　はとやま』の先のくだりのなかに名前のあった人物、すなわち、社殿建て替えにあたり「特段の御援助を賜った」とされる「小笠原治郎日本高圧コンクリートKK社長」なる人物は、三代目の威一郎と非常に親しくしていた栗山町の財界人だったという。加えて、当時、威一郎は参議院議員を務めており、憲法で定める政教分離への配慮から、社殿建て替えのための寄付については、この小笠原にいろいろと相談をしていたというのである。

ちなみに、小笠原の社殿建て替えの際の寄付額は一五〇万円。この金額は篤志寄付者のなかでも最高額だった。

さらに鳩山神社と鳩山家の因縁を調べるべく、中選挙区制時代、鳩山地区にあった鳩山由紀夫後援会の元会長で、鳩山神社の氏子の一人でもある前出の田中弘記に頼み込み、普段は固く施錠されている鳩山神社の社殿のなかを見せてもらった。すると——。

祭壇前の正面最上部には、威一郎謹書の「鳩山神社」の文字が刻まれた木彫りの表札。そ

社殿内にある鳩山由紀夫のポスター（2009年、著者撮影）

の下に張られた御神体を守る紫の幕には、この幕を奉納した「長谷川本文」と「藤本勇」の名前が白く染め抜かれていた。

このうち、長谷川本文は長谷川本孝の子孫で、前述した一九四二年の自作農要求争議の際を含め、長い期間、鳩山農場の農場監督者をしていた。

右手の壁に目を遣《や》ると、今度は、由紀夫のどでかいバストアップ写真と、「愛　今がそのとき」「自立と共生の友愛社会、私が実現します。」のキャッチコピーとが印刷された、由紀夫と民主党のPR用ポスターが二枚、張られていた。

さらに、二枚のポスターの上には、「鳩山

威一郎　鳩山由紀夫　鳩山神社参拝記念　S. 59. 8. 11」の文字を添えて額装された社殿前での記念写真。その横には、威一郎が建て替えにあたって鳩山神社を参拝した際の社殿前での記念写真が、やはり額装を施されて飾られていた。

いずれも中央に立つ由紀夫や威一郎が大勢の後援者に囲まれている集合写真だが、前者の「S. 59」、すなわち一九八四年と言えば、由紀夫が初出馬するおよそ二年前にあたる。

田中によれば、由紀夫が鳩山の地を訪れたのは、この時が初めてであった。この時の来訪には二年後の初出馬へ向けた父子揃《そろ》っての挨拶《あいさつ》回りの意味も込められていたとのことだが、実は、これを機に由紀夫は、ことあるごとに鳩山神社を参拝するようになったというのである。

鳩山神社と由紀夫の因縁、ひいては鳩山神社と鳩山家の因縁を知る上で、非常に貴重な証言なので、田中の言葉を、次にそのまま紹介したい。

「鳩山神社は、鳩山家にとって、なかでも由紀夫氏にとって、曾祖父の和夫氏の代から脈々と受け継がれてきた、特別な意味を持つ場所だったんでしょうね。事実、選挙区が変わるまでのすべての国政選挙に際しても、由紀夫氏はまず鳩山神社で必ず必勝祈願を行っていました。幸夫人や秘書を引き連れてやってきた由紀夫氏は、御神体の前に敷かれた畳に額《ぬか》づいて必勝祈願をした後、さらに鳩山地区の後援者を引き連れて岩見沢まで出向き、岩見沢の選挙事務所で第一声を上げるのを慣例としていました。鳩山神社の春と秋の例祭でも、神主からうやうやしく玉串を受け取った後、社殿でわれわれと車座になりながら、酒を酌み交わしていたんですよ」

まさしく、鳩山神社の半分は、四代目・由紀夫の選挙にも大いに利用された、いわば鳩山家の「私的神社」だったのである。

一一五年の夢の跡

由紀夫といえば、超党派の国会議員らで作る「人間サイエンスの会（前身は「気の研究会」）」の旗振り役を務めるなど、元タカラジェンヌの妻・幸ともども、スピリチュアルな趣味の持ち主として知られている。

聞き手である幸とともに登場したミステリー雑誌『ムー』二〇〇八（平成二十）年九月号

〈学習研究社〉のインタビューでは、みずから信ずる「気」について次のように持論を展開している。

〈「気」のように、目には見えないし科学的に解明もされていないけれど、さまざまな現象を起こすものが実際にあります。（中略）自分が政治家になった以上は、そういうものに国として目を向けてほしいという思いがありますから、「気の研究会」や「人間サイエンスの会」をつくって、気に触れてもらったりしています。そこで「あなたはここが悪い」などと気功家に指摘されているうちに、自分の中のかたくなな部分を変えていこうとする人が現れるのではないかと思いまして。実際、そういう現象を感性で理解できる人は増えていると思います〉

二〇〇二年四月発行の『鳩山由紀夫　蛭田有一フォト・インタビュー集』（求竜堂）でも、日々の信心と健康法について次のように語っている。

〈ほとんど毎日、女房と本棚の一部を小さな神棚にして神に感謝することをやってます。感謝する事です。

ファミリーと国民に健康を与えてくれていることに感謝します。これから自分自身の思いで精一杯やりますから、どうぞ支えて下さいみたいな祈りを大体毎日やっています。内容は言うもんじゃないんですけどね。あとは瞑想《めいそう》を唯一の健康法として1日に20分。でもなかなか時間が取れないんですが。

なんにも考えないでマントラを唱える。意味のない言葉を唱えているうちに頭の中が無になる。その考えない時間を持つというのが頭をスッキリさせて健康にさせる〉

東大工学部出身の由紀夫が初出馬の際に掲げたスローガンは「政治を科学する」だった。初出馬前、鳩山の地をはじめとする選挙区で配っていた名刺には、「明日の政治を拓く北海道政治経済調査会会長」の肩書きとともに「工学博士」の肩書きがあったが、科学とはおよそ正反対のスピリチュアルな趣味を持つ由紀夫の原点は、案外、和夫の「敬神崇祖」を起源とする「鳩山神社」にあったのかもしれない。

ただ、「宇宙人」の異名を持つ由紀夫だけのことはある。

複数の鳩山地区住民によれば、由紀夫は鳩山の地が選挙区から外れた一九九六年以降、鳩山の地にまったく顔を見せなくなったというのだ。

現在、鳩山の地には、解散を余儀なくされた鳩山地区の「鳩山由紀夫後援会」を引き継いだ「鳩山由紀夫会」が残されているが、同会会長を務める瀬尾聡は由紀夫の〝その後〟についてこう語っていた。

「由紀夫氏が来なくなってみんな寂しがっていますが、やはり選挙区でなくなったわけですからねえ。ただ、その代わりといっては何ですが、時折、奥さんの幸さんが鳩山の地にやって来て、内助の功で由紀夫氏をフォローしていますよ。ある時などは、二〇〇五（平成十七）年二月発行の『新憲法試案』（ＰＨＰ研究所）という由紀夫氏の本を持って鳩山中央公民館を訪れ、『鳩山が本を出しました』と言っては、幸さんがサインをしてみんなに配っていました。初出馬の半年ほど前には母親の安子さんも由紀夫氏のために鳩山の地で挨拶回りをしていましたし、由紀夫氏は家族に支えられた、本当に幸せな人だと思いますね」

前出の田中は「由紀夫氏の名代として訪れる幸夫人の名刺は四隅が丸く角がない横書きのもので、名刺をもらった人たちは『何だか飲み屋のママの名刺みたいだな』と言っていました」との笑い話を披露《ひろう》するが、まったく姿を現さなくなった由紀夫の名代《みょうだい》を務めていたのは、家族だけではなかった。

田中は次のようにも語っている。

「名代という意味では、由紀夫氏の秘書さんらも鳩山の地に足を運んでいましたね。そのなかには、由紀夫氏の一連の虚偽記載問題で矢面に立たされている芳賀大輔氏と勝場啓二氏もいました。芳賀氏とは『参議院議員鳩山威一郎北海道事務所所長』の名刺の時以来の、勝場氏とは札幌の京王プラザホテルで開かれた、由紀夫氏の政治資金パーティに出席して以来の、長い付き合いなんです。でもねえ、ここ鳩山の地が由紀夫氏や鳩山家に深い縁のある特別な土地だといっても、われわれの方から由紀夫氏に『たまには顔を見せてよ』などとは、どうにもおこがましい気がして言えないんですよ」

その田中は今、鳩山の地をすっかり忘却してしまったかに見える由紀夫に対して、次のように懐旧《かいきゅう》の情を募《つの》らせている。

「今でも思い出しますね。われわれが『鳩山さん、何かしてくれや』と声をかけても、由紀夫氏は学者のような独特の口調で『何をしてほしいんですか?』と、こう来る。これで田舎の人は黙り込んでしまうんです。酒が入った席でも、『なに、代議士、オマエ、そんなコト(きれいごと)いっとったってだな』と水を向けても、『何がですか?』と、こんな調子なんです。実際、地元のためにはナーンもしてくれなかった人ですが、一九九一年秋の東京への後援会旅行では行く先々でずいぶん世話になりました」

鳩山地区の後援会関係者を募って催されたこの旅行は、東京にある音羽御殿や国会議事堂などを見て回る二泊三日の旅程だった。音羽御殿では戦後政治の舞台にもなった茶室で由紀夫と幸のもてなしを受けたほか、国会議事堂見学、さらには晴海のホテルの夕食会にも、由紀夫は積極的に顔を出したという。このあたりは、田中角栄元首相の薫陶《くんとう》を受けた、田中派出身の由紀夫ならではの一面なのかもしれない。

由紀夫の選挙区だった時代、鳩山地区では若者を中心とする「友愛会」なる後援会も組織されていた。前出の瀬尾は、「由紀夫氏は『鳩山に来るとなぜかリラックスできる』といっていました。興《きょう》が乗った時には、後援会の女性軍とダンスを踊ったりもしていたんですよ」と語るが、今は肝心の主を欠いた鳩山家ゆかりのモニュメントが往時を偲《しの》ぶように佇《たたず》むのみ。それでも、鳩山の地の多くの人々は、「やはり、われわれにとっては、民主党ではなく、あくまでも鳩山党なんですよ」と、由紀夫と鳩山家への思慕の情を口にしてはばからない。

初代・和夫から二代・一郎、三代・威一郎、そして現在の由紀夫・邦夫の二兄弟へと、都合四代続く名門・鳩山家に深い縁のある土地として、知る人ぞ知る歴史を刻んできた北海道夕張郡栗山町鳩山の地。初代・和夫がこの地に鳩山農場を拓いてからすでに一一五年、今はただ静かに鳩山神社が佇むのみである。

第三章

鳩山由紀夫の原点

一郎と威一郎の影法師

物事の原点は、物事の本質を映し出す鏡である。人もまた然《しか》りで、人の原点は、人の本質をよく照らし出す。

政治家・鳩山由紀夫の原点は、一九八六（昭和六十一）年の第三八回衆議院議員選挙（中選挙区制時代）にある。この時、由紀夫は旧北海道四区から、いわゆる落下傘候補として初出馬し、そのまま初当選を果たした。

当時の由紀夫にとって、「落下傘候補」と呼ばれることは、いささか耳の痛い話だったに違いない。一般の有権者の目には、由紀夫が「どこの馬の骨かも分からない若造」と映ったはずだからである。

しかし、のちの由紀夫にとって、「落下傘候補」という原点でのレッテルは、むしろ都合のいい魔法の言葉に変じつつある。「世襲議員」との批判を浴びせられても、この言葉が免罪符になるからである。事実、近年の由紀夫は、みずからの世襲問題を問われるたびに、

「私は親類縁者が一人もいない新天地を政治家としてのスタートラインとした。したがって、私の場合は世襲にはあたらない」と答えてきた。

一般に、「ジバン（地盤）」「カンバン（看板）」「カバン（鞄）」の〝三バン〟が揃《そろ》って継《つ》がれることで、初めて、「世襲」と呼ばれる。

このうち、初出馬当時の由紀夫にカンバンとカバン、すなわち名門・鳩山家としての「知名度」と「資金」が揃っていたことは明々白々である。では、ジバンについてはどうか。

ジバンとは、要するに選挙区における支持組織、いわゆる後援会がその実体である。カンバンとカバンがすでに揃っていることを前提にすれば、たとえ親のジバンを引き継がなかった場合も、親にジバンを用意してもらったならば、事実上、「世襲」に該当すると言っていい。

確かに、由紀夫は父・威一郎のジバンを引き継いだわけではない。しかし、父・威一郎にジバンを用意してもらったとすれば、紛れもない世襲議員ということになる。

由紀夫が「落下傘候補」として初出馬し、初当選した旧北海道四区は、胆振《いぶり》地方から日高地方、空知《そらち》地方にまたがる広大な選挙区だった。ここには前述した鳩山農場の栗山町（空知地方）も含まれていたが、同選挙区の中心はかつて「鉄の街」として栄えた、胆振地方の中心都市・室蘭市だった。

もっとも、一九八二年、同じ胆振地方の苫小牧市が人口数で室蘭市を追い抜き、現在では苫小牧市が約一七万人、室蘭市が約一〇万人と、選挙の票田としての両市の差は決定的になっている。両市には何かにつけライバルとして張り合うという歴史があり、その因縁の対決は「苫蘭《とまらん》（＝止まらん）戦争」とも呼ばれてきたが、それはともかく、この旧北海道四区は、南条徳男《なんじょうとくお》から三枝三郎《さいぐささぶろう》へと続く、自民党の保守地盤だった。

自民党田中派の新星候補だった由紀夫は、この保守地盤に三枝の後継として登場するわけだが、実は、南条と三枝は由紀夫の祖父にあたる鳩山一郎や父にあたる鳩山威一郎と浅からぬ関係を持っていた。

南条は建設大臣、農林大臣などを務めた党人派の政治家だが、一九五四年、一郎が総裁として日本民主党を結成した際、同党の副幹事長に指名された人物である。しかも、この年、一郎は同党総裁として首相に就任しているのだから、一郎にとって南条は格別の意味を持っ

閣議での南条徳男（正面中央の池田首相の右。1960年7月19日）

た有力同志の一人だったと言っていい。

一方、旧内務省から北海道副知事を経て衆議院議員に転じた三枝は、後に大蔵事務次官に上りつめる威一郎と官界入りの時期がほぼ同じであった上に、官僚時代から代議士時代を通じて威一郎と深い親交があった。親交の期間と密度という点で見ても、威一郎と三枝の関係は一郎と南条の関係に勝るとも劣らないものがあったのである。

それだけではない。このような人間関係を背景に、一郎と南条、威一郎と三枝は、北海道の地でさらにその因縁を深めていったのである。

終戦直後、蟄居《ちっきょ》先の軽井沢から上京した一郎は、一九四五年十一月、総裁として日本自由党を結成した。翌年の衆議院議員選挙で同党は第一党に躍り出るが、結党当時、一郎は一人でも多くの同党候補者を擁立すべく東奔西走していた。

そんななか、一郎は、室蘭にある栗林商会（現在も室蘭市に本社を置く地元の有力企業）の社長・会長を務めた栗林徳一に、翌年の衆議院議員選挙への出馬を打診する。しかし、徳一は一郎の打診を固辞。代わりに、自分が後援会長を務めていた南条徳男を立候補者として推薦してきたのである。

もちろん、一郎に不満はなかった。いや、むしろ、日本自由党結党以来の同志である南条を、徳一の薦めによって擁立できるということは、一郎にとっては好都合の展開だったかもしれない。一郎としては、徳一への義理も果たせれば、南条への義理も果たせるからである。

その後、当選を重ねた南条が政界を引退したのは一九七二年。この年、大蔵省を退官した威一郎は、二年後の一九七四年、参議院議員になるのだが、実は、徳一から栗林商会社長と南条徳男後援会長の二つの職を任されていた栗林徳光に、南条の後継候補として、三枝三郎を推薦してきたのが威一郎だったのである。

威一郎が三枝と昵懇《じっこん》の間柄にあったことは前述したが、一郎・威一郎と旧北海道四区との因縁はこれにとどまらなかった。

一九八三年、三枝は年の暮れに行われた衆議院議員選挙で落選する。これを見た威一郎は、三枝に次の衆議院議員選挙への出馬を断念させるべく、そして、長男・由紀夫に引退した三枝のジバンを引き継がせるべく、一世一代の工作を仕掛けたのである。

禅譲を迫った「赤坂の密談」

ＪＲ東室蘭駅から歩いて数分の距離にある住宅街の一画。表の呼び鈴を鳴らし、玄関の引き戸を開けると、正面の階段の上から、男の声が聞こえてきた。

「どうぞ」

言われるままに階段を上り、居間と客間を合わせた和室に入ると、初老の男が大きな座卓の前でテレビを見ていた。

「ああ、どうも。どうぞ、そこへ」

野太く張りのある声。エネルギッシュな風貌。とても初老とは思えないこの男こそ、威一郎の一世一代の工作の詳細を知る人物だった。

南条徳男の秘書から、室蘭市議会議員時代には同市議会議長を務め、自民党室蘭支部幹事長の要職も務めた地元政界の重鎮・桜井孝輝《さくらいこうき》である。

「女房が亡くなってから、独り暮らしでしてね。ま、どうぞ」

初対面の挨拶の後、こう言って茶を勧める桜井に、筆者は一九八四（昭和五十九）年四月五日付『室蘭民報』に掲載された桜井へのインタビュー記事のコピーを手渡した。『室蘭民報』は『室民』の略称で知られる室蘭の地元紙である。

「この記事、覚えていらっしゃいますか」

桜井が手にした記事には、〈桜井自民党室蘭支部幹事長に聞く〉〈三枝氏後継問題〉〈半年メドに人選へ〉〈支援道議にまず打診〉の見出しが躍《おど》っていた。

当時、桜井は、自民党室蘭支部幹事長として、三枝後継問題の責任者を務めていた。記事は三枝の落選からちょうど三か月半後のものだが、実は、この『室蘭民報』の記事が出てから十三日後の四月十八日、ブロック紙の『北海道新聞』が「鳩山由紀夫が三枝後継に内定」

の情報をスッパ抜いている。

もちろん、『室蘭民報』も、インタビューの時点で、「由紀夫に内定」の情報は非公式に摑んでいたはずである。だからこそそのインタビューであったろうし、当然、インタビューを受ける桜井は「由紀夫に内定」の内実を誰よりも詳しく知る人物、否、後述するように「由紀夫に内定」を密かに押し進めていた張本人だったのである。

「この時は大変だったな」

桜井がそう振り返るように、インタビュアーと桜井との一問一答は、次のように実にスリリングなものだった。

〈——三枝氏引退か再起か、については選挙後からさまざまな論議が出ていた。引退表明を党支部としてどのように受け止めているか。

桜井　選挙後、いろいろ話はあった。出来ればもう一度やってほしかったし、市議団も再起要請した。三枝先生にも迷いはあったようだが、最終決断を素直に受け止め、支部として次の段階への作業を、責任を持ってやっていく覚悟だ。

――後継人選の作業手順というか、いつころをメドに決定する考えか。

桜井　非常に難しい問題だが、一つには三枝さんを含め、中央政界、特に福田派と相談するが、南条先生が引退された時の手順というか、後継選出の方法を考えてみたい。南条先生もそうだったように、まず三枝先生を支援してくれた道議の皆さんに個々に打診していく。道議の皆さんが応諾しなければ次に当たる形になる。それが政治の常道だ。三枝先生が後継に指名された時も、当時の道議が断ったので町村先生（町村金五元北海道知事。当時は参議院議員。二男は町村信孝衆議院議員。筆者注）に相談して、三枝指名になったわけです。今回も、まず同じようにしたい。もちろん時間をあまりかけていられない。半年以内をメドに、手順を踏んで人選を進めたい。

――マチには若い候補を、年齢的にも長くやれる人を、という声が強い。後継像の枠組み、条件もあるだろうと思うが。

桜井　室蘭がやはり母体になるのだから、経済界などが受け入れられるような人物でなければと思う。もちろん、この機会だから、日本を背負うくらいの人物になるような若い人で、国際感覚にあふれ、息長くやっていける人という考えで進みたい。これからの時代は、若い人が中心になってやれる選挙態勢や、若い人の票をつかめる人物でなければならない。今回の選挙の敗因もそこにあったわけだし、いろいろ条件は厳しいが、少しでも理想に近い人を選んでいきたい。

——地元室蘭からの人か、〝輸入〟か、という論もある。白羽の矢の視点をどこに置くか。

桜井　南条先生は「血は水より濃い」といっていたし、三枝先生も室蘭出身だからこそ〝指名〟された。市内に適任者がいればそれにこしたことはない。それでなければ、政治に情熱を持った「水より濃い」人を選びたい。いろいろ名前がとりざたされてもいるが、そういう人たちは白紙であり、いずれにしても、室蘭のためになる人をと思っている。

——名前が浮かぶ一方でキメ手に欠ける。四区で保守三人は無理との声があるなど、現職二人の活用論や、結局は人がいなく見送りになるのでは、という危ぐも広がっているが。

桜井　見送ることは絶対にない。党支部が責任を持って選ぶ。その決意は変わることはない。現職二人の活用論は別次元の話であり、保守三人の中に一人は室蘭からという方針で、放棄することは絶対にない。将来の室蘭の大きな損失にならないよう、どうしても出していく。市民の願いでもあると思っているので、若い人が中心になれる人物、態勢を第一に考え

たい〉

インタビューには、〈若い候補を、年齢的にも長くやれる人を〉〈日本を背負うくらいの人物になるような若い人〉〈国際感覚にあふれ、息長くやっていける人〉〈地元室蘭からの人か、〝輸入〟か〉〈政治に情熱を持った「水より濃い」人〉など、読む人が読めばすぐに「由紀夫」と分かる表現が随所に登場する。

しかし、それよりも由紀夫が三枝の後継に指名されたいきさつに関心があった筆者は、記事に登場する桜井の言葉〈中央政界、特に福田派と相談するが〉が大いに気になっていた。

威一郎は、無派閥ながら、福田赳夫内閣で外務大臣を務めたことがある。そこで、筆者はいよいよ本題に切り込んでみた。

「〈福田派と相談〉の〈福田派〉とは威一郎氏のことですよね」

雑な質問だったためか、桜井が何も答えないので、今度は単刀直入に聞いてみた。

「要するに、威一郎氏が由紀夫氏後継を盟友の三枝氏にねじ込んだのではないですか」

すると——。

「私はその場にいたわけではないんだが」
こう切り出した桜井は、記憶の糸を手繰《たぐ》り寄せるように、ポツリポツリと語り始めた。二六年の歳月を経て、桜井が明かした内容は、概略、以下のようなものであった。

三枝三郎は、一九八三年十二月十八日に投開票が行われた第三七回衆議院議員選挙で、落選した。

三枝の落選から間もなく、すなわちその年の暮れ、鳩山威一郎は相沢英之《あいざわひでゆき》とともに三枝を東京・赤坂の料亭に呼び、選挙の慰労会を兼ねて三枝落選の残念会を開いた。

威一郎と三枝は、官僚時代からの旧知の間柄。同様に、威一郎と相沢も、大蔵官僚時代からの旧知の間柄だった。相沢は威一郎と同じ大蔵事務次官を務め、その後、政界に転じて経済企画庁長官、金融再生委員会委員長などを歴任した人物で、威一郎の一年後輩にあたっていた。

三人は、威一郎のことを「ポッポちゃん」、三枝のことを「サンちゃん」、相沢のことを「アイちゃん」と、互いに〝ちゃん付けの愛称〟で呼び合うほど親しい仲だった。

三人が料亭に顔を揃え、座の雰囲気も緩みかけた頃、突然、威一郎が次のように切り出した。

「実は、長男の由紀夫が『選挙に出たい』と言い出して困ってるんだ……」

三枝落選の直後、それも残念会の席上だっただけに、三枝と相沢は思わず息を呑んだ。

二人の盟友のそんな内心の困惑を知ってか知らずか、威一郎は何かにすがるような口調で言葉を続けた。

「ウチは学者の家系で、長男の由紀夫は学者になるものとばかり思っていたんだが、二男の邦夫が政治家になったのを見て、『オレも弟のように政治家になりたい。選挙に出たい』と言い出したんだ」

そこで、威一郎はいったん言葉を切り、

「どうしたらいいだろう」

と言って、二人の盟友の顔を見た。

三人の間に、しばし重苦しい沈黙の時が流れた。

と、しばらくして、三枝がその場の空気に押し出されるように、こう言った。

「オレのところでやったらどうだ……」

この一言で、すべてが決まった。

三枝が絞り出すようにして吐いた「オレのところ」とは、むろん「旧北海道四区」のことである。まさに、由紀夫の旧北海道四区からの初出馬が決した瞬間だった。

三枝はこれまで何度か落選しており、年齢もすでに七十歳に達していた。しかも、またも落選した直後である。この状況で威一郎から「どうしたらいいだろう」と言われれば、三枝は威一郎が何を言わんとしているかピンと来たはずである。

「これは事実上の引退勧告ですね」

筆者がそう水を向けると、桜井は、

「そこが実に微妙なんだな」

と、言って笑った。

「ハッキリ言えば、威一郎氏の『どうしたらいいだろう』は、『倅《せがれ》の由紀夫にジバン（地盤）を譲れ』という意味ですね」

筆者がなおもこう粘ると、桜井はしばらく間を置いて、

「三枝氏が『次は出ない』と腹をくくったということでしょう」

と、答えた。

桜井としては「そこは明言を避けたい」ということのようだったが、要するに「盟友の威一郎から由紀夫の出馬を相談され、三枝がその場で自分のジバン提供を決断した」ということである。

前述したように、かつて南条が引退した際、後継候補に三枝を推薦したのは威一郎だった。三枝としては、この時の恩もあって、威一郎の打診を断り切れなかったのかもしれない。

ちなみに、当初、由紀夫は自宅（東京・大田区田園調布）のある旧東京二区からの出馬を希望していたが、旧東京二区は威一郎が後援会長を務める新井将敬《あらいしょうけい》の選挙区だったため見送られている。大蔵省出身の新井は威一郎の後輩でもあった。

同様に、由紀夫は参議院東京地方区からの出馬も考えていたが、当時の参議院東京地方区には、のちに参議院議長を務める原文兵衛など自民党の重鎮が陣を構えており、やはり由紀夫の出馬は見送られた。

万策尽きた威一郎にとって、残るは三枝の選挙区しかなかったのである。

敵を欺くにはまず味方から

ところが、その後、三枝から由紀夫へのジバン禅譲の一件について、落選当時の三枝の消息を知ると思われる複数の地元政界関係者に話を聞くと、出来事の因果関係がことごとく逆になっていた。

前述したように、真実は「盟友の威一郎から由紀夫の出馬を相談され、三枝がその場で自分のジバン提供を決断した」という時系列である。

事実、桜井によれば、落選した直後は、当の三枝自身も次の選挙へ向け、対策をあれこれ考えていたという。同時に、自民党室蘭支部にも自民党北海道支部連合会などから電話があり、「次の選挙では三枝に党の役職を付けて送り出す」などの、気の早い話までが検討されていたというのだ。

にもかかわらず、話を聞くことのできた地元政界関係者は、口を揃えて「三枝がまず政界引退を決意し、然る後に由紀夫の出馬が決まった」と説明していたのである。

これはいったいどういうことなのか。

この点について、桜井は「敵を欺《あざむ》くにはまず味方から」と言って、ニヤリと笑った。

実は、前述した「赤坂の密談」の後、三枝から桜井のもとへ電話が入った。

三枝は密談のいきさつを説明した上で、電話口で次のように伝えてきたという。

「北海道の栗山には、かつて鳩山和夫氏が拓いた鳩山農場があったし、現在も鳩山神社が残っている。だから、由紀夫氏も、北海道にまるっきり縁故がないというわけではない。室蘭支部幹事長として、何とか話をまとめてもらいたい」

こう伝えられた桜井は、三枝に次のようにクギを刺した。

「分かった。由紀夫氏出馬の件は極秘裏に根回しするから、今後は一切、この件について余計なことはしゃべらないでほしい」

禅譲は、それを譲る人間が応諾《おうだく》したからといって、それで済む話ではない。

三枝が南条のジバンを引き継ごうとした時も、まずは当の南条が「血は水よりも濃い」と主張して、自分の息子に譲り渡そうとした。

その後、南条は周囲の説得を受け入れ、自分の息子への禅譲については取り下げたが、では誰に禅譲したらいいのかについては、選挙区の道議会議員を一人ずつ東京まで呼び寄せて相談した。この時、南条は道議らに「出たい人があれば譲る」とまで譲歩したが、結局、手を上げる者は現れず、町村金五の「三枝でどうだ」の一声によって、後継は決したのである。

ましてや今回は、北海道にはほとんど縁のない落下傘候補へのジバン禅譲である。

三枝から話の取りまとめ役を任された桜井は、どこからか「由紀夫後継」の噂を嗅ぎつけて押し寄せてくるマスコミには、「私のような人間がそんな大それたことをできるわけがないだろ」とトボケ続け、親しい記者からも徹底的に逃げ回った。しかし、逃げれば逃げるほど、噂は増幅していった。

極秘裏の水面下工作ではまた、敵どころか味方をも欺かなければならない局面もある。そのため、桜井は、時に選挙区の道議会議員や市議会議員らに嘘までついて大芝居を打った。彼らへの対応を誤り、反対論が噴出すれば、「由紀夫後継」はご破算になってしまうからである。

見かけは大胆だが、内心は薄氷を踏むような水面下工作だったのである。

由紀夫後継問題は、三枝落選の翌一九八四（昭和五十九）年四月に大きなターニングポイントを迎えた。同年四月三日、三枝が正式に政界引退を表明したのである。

政界引退の〝第一声〟は、同日午前十時、室蘭産業会館の五階ホールに三枝後援会の役員らを集めて行われた。同日午後二時、同所で開かれた自民党室蘭支部役員会での発表が〝第二声〟。同日午後五時三十分、室蘭市内の料亭「常盤」に笹浪幸男道議と市議団十名を集めての発表が〝第三声〟だった。

前出の『室蘭民報』のインタビュー記事が出たのはこの二日後のことだが、前述したようにこの時点ではまだ「由紀夫後継」については伏せられていた。

ただ、桜井は自民党室蘭支部の拡大役員会で、「次期選挙までに後継者を決定し、責任をもって立候補させる」旨、断言してしまっていた。そのため、三枝の政界引退表明を聞きつけたマスコミが桜井のもとに殺到。「後継者は誰なのか」と攻め立てられ、「目下、交渉中につき未定」とかわしていた。その最中の四月十八日、前述したように『北海道新聞』に「鳩山由紀夫が三枝後継に内定」の情報をスッパ抜かれたのである。

桜井によれば、「情報は、室蘭ではなく、札幌から漏れた」という。

しかし、三枝が「政界引退」を発表し、「由紀夫後継」が表沙汰になっても、それで一件落着とはならない。道議会議員や市議会議員をはじめとする、選挙区後援会関係者への説得という大仕事がまだ残っており、正念場はむしろこれからだったのである。


表沙汰になった「由紀夫後継」を、いかにしてまとめ上げていくか——。

暗中模索が続くなか、今後の選挙区工作の進め方を話し合うため、吉川昭市（札幌に本社を置く東洋実業の社長で鳩山一郎の友愛運動の門下生だった実力者）以下、道議会議員の笹浪、桜井を集めた「三者会談」が予定された。

日時は四月十九日。場所は室蘭プリンスホテル。ところが、桜井はホテルの玄関前まで来たところで、突然、めまいと吐き気に襲われて倒れ込み、病院に運ばれそのまま入院となった。「これも芝居だったんですか」との筆者の問いに、桜井は「いや、これだけは本当だった」と答えている。原因はストレスによる体調不良だった。

翌二十日、午前十一時から自民クラブ会派会議が開かれ、その後、道議会議員の笹浪が結果報告のため来院した。二十三日、二十五日にも、市議会議員が来院して市議会の空気を桜井に伝えてきたが、「由紀夫後継には反対」が大勢を占めていた。

二十六日、桜井はこの市議団の空気を吉川社長に伝えるべく、後に由紀夫の秘書となる息子の忠を名代として派遣。みずからは医師に外出許可をもらって、午前十一時から市議会会派会議を開催した。

実は、この時、桜井はある秘策を胸に秘めていた。

「都合のつく方々は、ぜひ東京の音羽邸に行っていただき、ご本人の由紀夫氏はもちろんのこと、父親の威一郎氏にもお会いして、お話をうかがってみていただきたい」

会議の冒頭、桜井はこう切り出した。

本人にも会わないで「反対」では筋が通らない。いや、人は当人の顔を見れば、案外、気持ちが変わるものだ。潮目《しおめ》を変えるには、この方法しかない——。

桜井はこの作戦に命運を賭けたのである。

それから二日後の四月二十八日、市議団代表五名に道議会議員三名を加えた合計八名が音羽邸を訪れ、由紀夫本人をはじめ鳩山家の関係者と対面した。一泊二日の東京への旅費は桜井が準備した。

そして、彼らが帰道して数日後の五月四日、桜井が上京者を一人ずつ呼んで感触を確かめたところ、果たせるかな、「由紀夫後継反対」のムードはものの見事に一変していた。

「あの若いもんなら、いいんでないかい」

上京者八名のうち、二名こそ態度を留保したが、残る六名は「あの若いもん」こと「鳩山由紀夫」の後継指名におおむね賛成の意を示したのである。

これで行ける。こう確信した桜井は、五月十一日に三枝三郎後援会連合会代表者会議を札幌東急ホテルで開催することを決断。由紀夫本人も招いて開かれたこの日の会議で、ついに「由紀夫後継」は了承されたのである。

この時、三枝後援会の代表者らを前に挨拶に立った桜井は、こう謝罪してみせた。

「先の選挙では、室蘭で票が伸びず、申し訳ないことをいたしました」

実際には、室蘭での得票率は決して悪くはなかった。会議を丸く収めるため、桜井が打った最後の芝居だった。

この代表者会議の前日、桜井は札幌京王プラザホテル十二階の一室で来道した由紀夫と面会している。面会は吉川の計《はか》らいだった。

実は、桜井が由紀夫と会うのはこれが初めてだった。一連の工作の立役者が当事者本人と初対面というのも皮肉な話だが、この時、桜井は書類の束が入った持参の封筒を由紀夫に手渡しながらこう言った。

「いずれ近いうち、室蘭にも来ていただくことになる。その時、室蘭のことを何も知らないということでは、『やはり落下傘候補はダメだ』と言われてしまう。そうならないためにも、封筒のなかの書類によく目を通した上で、いずれ室蘭入りした際には、『室蘭の諸問題の解決へ向け全力を尽くす所存です』と、第一声を上げていただきたい」

封筒のなかの書類の束は、桜井が市の助役に命じて、室蘭が抱える諸問題を事前にまとめさせておいたものだった。

由紀夫が桜井の親心に気づいたかどうか。そのあたりのことは分からなかったが、桜井はなおも由紀夫へのアドバイスを続けた。

「北海道はあなたの弟さんの東京の選挙区などとは違い、長靴の似合う政治家でなければ務まらない場所だ。選挙区も広大で、いったん後援会回りに出れば、二、三日は家に帰れないこともある。そのあたりも念頭に置いて、しっかりやっていただきたい」

ちなみに、桜井は、後に由紀夫が当選を果たした際、本拠地・室蘭での由紀夫の仮住まいとなったマンションについても、購入の交渉にあたっている。この時は、室蘭市建築部の幹部も協力を惜しまなかった。

前述した鳩山の地の人々と同じく、忘れてはならない大恩人である。

再生産される由紀夫物語

一大騒動の末に決着した「由紀夫後継」には、もう一人、桜井に勝るとも劣らない立役者が存在する。前出の吉川昭市である。

吉川と鳩山一郎との縁は吉川が政治家を志していた時代に始まるが、北海道における友愛運動の責任者になってからは、一郎をはじめとする鳩山家との関係はさらに深まった。

息子の吉川貴盛《たかもり》は、大学卒業後、父の縁から鳩山威一郎の秘書、続いて邦夫の秘書となり、その後、北海道議会議員（三期）を経て、衆議院議員も務めている。前述した室蘭市議団五名と北海道議三名による音羽邸訪問の際には、道議の一人として訪問団に送り込まれている。

このように吉川昭市・貴盛親子は父子揃って鳩山家と深い縁があったが、なかでも昭市は、「由紀夫後継」へ向けた一連の水面下工作で、知る人ぞ知る役回りを演じていた。

事実、桜井の突然の入院によって流会になった、室蘭プリンスホテルにおける三者会談でも、昭市は三者の代表と位置づけられていた。同様に、由紀夫後継が決まった三枝後援会連合会代表者会議の前日には、桜井、三枝らの主要関係者を密かにホテルに集め、翌日の会議の進行に抜かりなきよう最終指示を出している。さらに、三枝が政界引退表明を行った当日には、水面下工作はこれからが本番を迎える旨、桜井に電話で伝えて、ハッパをかけていた。

実は、威一郎のたっての相談を受け入れ、政界引退を余儀なくされた三枝は、その後、東洋実業東京本社社長の椅子に納まった。もちろん、三枝にこのポストを用意したのも、当時、同社社長を務めていた昭市だった。

昭市のこの尽力については、当の由紀夫も前々から耳にしていた。その昭市に対するお礼

北海道四区で引退を表明した三枝三郎前代議士（右）の後継者に鳩山威一郎参議院議員の長男の鳩山由紀夫が正式に決まる（1984年5月11日撮影、毎日新聞社提供）

の意味もあったのだろう、吉川家のさる関係者によれば、「由紀夫後継」が正式決定を見て後、由紀夫は妻の幸とともに北海道の昭市夫妻のもとを訪れ、深々と頭を下げながら、「これからは、昭市さんを『北海道のお父さん』、奥様を『北海道のお母さん』と呼ばせていただきます」と、リップサービスにこれ努めたという。この大仰《おおぎょう》な言い草で、謝意が伝わったかどうかは、不明である。

　由紀夫後継の決定から、出馬、当選までの間には、北海道庁、札幌市役所以下、選挙区内の関連市町村でも、選挙へ向けた臨時態勢が密かに整えられた。

当時、北海道の選挙においては、道の職員と政令指定都市である札幌市の職員、そして選挙区内の関連市町村の職員らの支援を取り付けることは、選挙の際に手足となって働いてくれる道議会議員や市町村議会議員などの実働部隊の支援を取り付けるのと同様、当選への必須条件とされていた。

由紀夫の場合は、威一郎と、威一郎の「盟友」であった町村金五の二人が、道庁以下の幹部らに支援と協力を求めたようだ。

事実、当時、札幌市の役人だった丸岩《まるいわ》公充《きみあつ》（北海道議会議員、自民党北海道支部連合会副会長）によれば、「威一郎氏と金五氏から、市幹部のところへ、『由紀夫をよろしく頼む』との電話が何度かあった」という。なかでも、北海道知事も務めた町村金五は、当時、北海道政界のドンと言われ、絶大な影響力を持っていた。

父・鳩山威一郎による「赤坂の密談」、自民党室蘭支部幹事長・桜井孝輝と鳩山一郎の門下生・吉川昭市らによる「水面下工作」、そして北海道政界のドン・町村金五による「鶴の一声」。たしかに、形式上、由紀夫は威一郎のジバンを引き継いだわけではないが、事実上、カンバン、カバンはむろんのこと、ジバンをも含めた三バン丸抱えで初当選を果たした「世襲議員」と言われても仕方あるまい。

桜井によれば、赤坂の密談の際、威一郎は三枝に「カネ（選挙資金）の心配だけは要らないから」と、念を押したという。後に、三枝三郎後援会連合会が由紀夫後継にゴーサインを出した時も、この点が最終的な判断材料になったというから、由紀夫はカネでジバンを買ったことにもなる。

もっとも、こうした過去をもって、由紀夫を非難することはフェアではない。実際、非の打ちどころのない世襲議員は掃いて捨てるほど存在する。過去を物理的に払拭することはできないのだから、注目すべきはむしろ、このような過去に立脚しつつも、みずからの過去をどう現在に生かすか、その姿勢である。

しかし、その点でも、由紀夫にはいささか潔《いさぎよ》さが欠けているように見えてならない。

事実、「私は親類縁者が一人もいない新天地を政治家としてのスタートラインとした。したがって、私の場合は世襲にはあたらない」と主張し続けてきた由紀夫は、三枝からのジバン譲り受けについて、『自由』二〇〇八（平成二十）年十二月号（自由社）で、次のように説明している。

〈南條徳男先生の後継者である三枝三郎先生、その三枝先生からある日突然、私に電話が掛かってきて「君、この選挙区があいているんだけど」、本人が落選した直後でした。当時私は三枝先生を存じ上げていなかったのですが、直接電話があって出ないかと言われたんです。その時は「是非お願いします」と電話でお願いした記憶があります。

後で経緯をたどると、親父が内務官僚だった三枝先生と親しかったようで、親父に相談して電話をかけてきたということでした。父は私に政治家なんかになるなと反対しておきながら、ウラでは「うちの息子は政治家を希望している」と三枝先生に情報を伝えていたということでした。私はもちろん人脈もないんですが、何も地盤がないと難しいだろうということで、結果として当時北海道四区でしたが、三枝先生さん《ママ》が落選した後を私が譲り受けることになったのです。

当時栗山町には鳩山神社があって、鳩山一郎の先代鳩山和夫の代から夏になると、秘書も含めて一家が何カ月か栗山で暮らしていた家があったんです。最近取り壊されましたが、そ

の家があったくらいですから、多少の地縁というものもないわけではなかったのです〉

二〇〇九（平成二十一）年、第四十五回衆議院議員選挙関連の応援演説や集会でも、「私も『四世の議員』と言われているが、正確に言えば世襲ではない。世襲でいいのかどうかということも含めて考えてほしい」（青森一区）と述べたり、「世襲が日本の政治を歪めてきた。世襲の私が言うのだから間違いない。ただ、私は親戚縁者のいない北海道から立ったので、若干、大目に見てほしい」（長野県飯山市の会合）と述べたりと、潔さに欠けるというより、態度も曖昧で真剣味に欠けているように聞こえる。

民主党は右衆議院議員選挙で、「現職の国会議員の配偶者及び三親等以内の親族が、同一選挙区から連続して立候補することは、民主党のルールとして認めない」旨、マニフェストに掲げているが、由紀夫の初出馬はこのルールでは適用除外例なのである。

同様に、由紀夫の私設応援団とも言うべき平成政治家研究クラブの手になる前出の『鳩山由紀夫のリーダー学』には、三枝からのジバン譲り受けについて、次のように書かれている。

〈選挙区が決まらないまま、時がすぎていくうちに、一九八三（昭和五十八）年の衆院選落選を機に、政界引退を決めていた三枝三郎から（威一郎に。筆者注）声がかかった。

「息子さんがそんなに選挙に出たいのなら、僕の後継者になってもらってもいいですよ。それで出られる意志はありますか」

三枝三郎は以前から威一郎と親交があり、その縁もあって、地盤（室蘭地区）を由紀夫にゆずりわたしてもいい、と言ってきたのである。威一郎は、

「お願いできますか」

と、二つ返事で答え、話はトントン拍子に進んでいった〉

おそらく、先の由紀夫自身による説明を含め、三枝と威一郎によるこのような会話は、例の「赤坂の密談」の後、何度か交わされたに違いない。ある時点でいかに決定的な決断がなされようとも、その決断が重大であればあるほど、事後確認の作業がそれだけ必要になってくるからである。

その意味で、右に書かれていることに誤りはない。しかし、いささか背景説明の不十分な物語がこのような形で再生産されていくことは、あまり好ましいことではないはずである。

第四章

鳩山由紀夫の変節

マンガンを手にした宇宙人

「どうしたらいいだろう」

赤坂の密談における父・鳩山威一郎のこの巧妙な問いかけによって、由紀夫は労せずして三枝三郎の地盤を手に入れた。本人がいかに否定しようが、由紀夫は紛《まぎ》れもない「世襲政治家」だと言ってよい。

これを政治家・鳩山由紀夫の「負の原点」とすれば、由紀夫にはもう一つ、忘れてはならない「正の原点」がある。

それは、「どこの馬の骨とも分からない若い落下傘候補」と言われていた由紀夫に、旧北海道四区の将来を託そうと決断した有権者の期待である。そして、由紀夫にとっては耳の痛い当初の声を「あの若いもんならいいんでないかい」に変えたのは、桜井孝輝をはじめとする〝地盤の番人〟らによる、文字通り体を張った真剣勝負の水面下工作だった。

「負の原点」たる第一の原点は、その後、ほかならぬ由紀夫自身によって、毒気の抜けた耳《みみ》触《ざわ》りのいい物語として再生産されていった。

そして、「正の原点」たる第二の原点についても、由紀夫のお膝元からは、きわめて手厳しい声が聞こえてくる。

変節への予兆は、「政治を科学する」のスローガンを掲げた最初の選挙戦から、すでにその姿を現し始めていた。

由紀夫後継の了承セレモニーを翌日に控えたあの日、札幌京王プラザホテルの一室で桜井から手渡された書類の束。桜井が市の助役に命じて作成させたその書類には、「鉄の街」から転落して久しい室蘭の、今後に解決されるべき諸課題が列挙されていた。

しかし、室蘭での第一声のために準備されたその書類は、由紀夫によって有効に活用されることはついになかった。

後に由紀夫と袂《たもと》を分かったある北海道議会議員は、最初の選挙戦の折、見慣れない岩石を片手にかざして熱弁をふるう由紀夫の、何とも珍妙なその言説を今でも忘れることができない。

「みなさん！　日本海の海底には、このような岩石が無尽蔵《むじんぞう》に眠っています。この岩石を活用して、室蘭に世界的な産業を興《おこ》そうではありませんか！」

由紀夫が片手にかざしていた岩石は、さまざまな金属を含むマンガン団塊だった。

マンガン団塊はマンガン、鉄、銅、ニッケル、コバルトなどを含んだ鉱石の塊《かたまり》である。一九七〇年代の一時期、銅価格の急騰《きゅうとう》でマンガン団塊が注目されたことがあったが、現在は商用活用へ向けた、いわゆる研究・開発段階にとどまっている。

なんでも、由紀夫はマンガン団塊の研究・開発者の一人に触発され、最初の選挙でその商用開発を提言したらしいのだが、思いつきとは知らない室蘭の有権者たちは、東大工学部出身の秀才エリートが掲げたこの〝公約〟に、コロッと騙《だま》されてしまった。

だが、思いつきは、どこまで行っても、思いつきである。初当選を果たした由紀夫の口から商用開発への具体策が語られることはついになく、鉄の街の復権に淡い期待を寄せていた有権者たちは、ものの見事に肩透《かたす》かしを食らってしまった。

それでも、由紀夫は悪びれる風もなく、ケロッとしていたというから、まさに「マンガンを手にした宇宙人」である。

しかし、そんな肩透かしが人々の記憶からようやく消え始めた頃、由紀夫はまたまた思いつきだけの空手形を持ち出した。

今度は、母・安子の実家にあたるブリヂストンにまつわる夢物語だった。

「この室蘭に、ブリヂストンタイヤのテストコースとその関連工場を建設、誘致してみてはどうか」

地元の議会関係者を通じて、こんな話が伝わると、有権者は色めき立った。

今度は大丈夫だろう。一族の企業なんだから、根回しくらいはしているはずだ——。

しかし、有権者の期待は、またもやあっさりと裏切られた。マンガン団塊同様、具体策はおろか、その後、この話が由紀夫の口から語られることは、一度たりともなかったのである。

もっとも、これには裏話がある。由紀夫の後見人だった桜井が、由紀夫から地元室蘭の活性化案が何一つ出てこないのを見るに見かねて、「ブリヂストン関連で何かできないのか」とアドバイスしていたのだ。結局、この親心も生かされることはなかった。

「素人受けするスローガンとキャッチコピーを掲げて、夢のある話を打ち上げることにかけては天才的だが、それを現実化していく政策能力は、ほぼゼロに等しい――」

驚くべきことに、旧北海道四区の元側近たちから聞こえてくるのは、「政権交代」のスローガンと「マニフェスト」のメニューで総理の座を射止めた由紀夫への冷笑、失笑ばかりなのである。

初めて消費税が導入された一九八九（平成元）年には、後援会幹部らを唖然《あぜん》とさせた次のような出来事もあった。

消費税導入を目前に控えて選挙区入りした由紀夫に対し、後援会幹部らは「くれぐれも消費税のことだけは口にしないでもらいたい」とクギを刺した。ところが、その場で話を了承したはずの由紀夫は、行く先々のミニ集会で、「えー、本来、私は消費税導入論者でありまして、えー、そもそも……」と打ち上げた。どこか得意気な学者然としたその物言いに、支持者らは怒り心頭の面持ちで集会所を後にしたという。

後援会幹部らは、毎年、正月を迎えると憂鬱《ゆううつ》になった。

政権獲《と》りに忙しかった時期は別として、毎年、由紀夫は年末年始を妻の幸とともにハワイで過ごしていた。成田空港のロビーを二人で歩く姿は、同じくハワイへ出発する多くの芸能人らとともに、テレビに映し出されることも少なくなかった。

実は、その恒例のハワイ旅行から帰国してすぐ、由紀夫はやはり幸とともに選挙区入りし、室蘭を皮切りに伊達、登別《のぼりべつ》、苫小牧と回って、新年の第一声を上げる。その第一声が後援会幹部らの憂鬱の種なのだ。

北海道はまさに厳寒期。そんななか、常夏の島から帰ってきた由紀夫は、真っ黒に日焼けした顔で、次のように打ち上げるのである。

「お集まりのみなさーん、おかげさまで、今年もまた、家族水入らず、年末年始をハワイで過ごすことができました」

かくのごとく場違いなシーンが、選挙区内の各所で繰り広げられるのである。

「今の聞いたかい」

「ハワイ行ってたんだってさ」

「ちょっと違うんでないかい」

「あれはないわな」

事務所開きに集まった支持者らは、口々にこんなことを言い合って帰っていく。実際、「今年も何とか年を越すことができた」というのが、気候も経済も厳しい北の地に暮らす人々の実感なのである。

事務所開きの後、呆《あき》れ顔で帰っていく支持者らをなだめる後援会幹部の苦労も知らずに、何が「おかげさま」だというのだろう。

場違いということでは、妻の幸も負けてはいない。

オカッパ頭に派手な服装。これだけでも地方の支持者らをあんぐりさせるに十分だが、タカラジェンヌとして鍛《きた》えたその物言いも、不興を買うことがあるようだ。この幸夫人、「おしゃべり」「出しゃばり」との評が地元では絶えない。

事実、ある女性支持者はこんなことを言っていた。

「幸さんは、演説会などで演壇に立つと、主役の由紀夫さんを差し置き、滔々《とうとう》と持論を語り続けるんです。政治家ぶったその態度は、『女のくせに出しゃばって』と、とくに男性支持者から強い反感を買っています。ある時は、自分がいかに北海道を愛しているかを示そうと、倉本聰《そう》さんの『北の国から』を『北の家族』と言い間違え、聴衆から『オレたちは居酒屋かよ』と、ヤジを飛ばされたこともありました。女性の私たちから見ても、あまり感じはよくないですね」

北海道には「はんかくさい」という方言がある。漢字で書けば「半可臭い」となるが、「半可」は「生半可」「半可通」などから来ている。一般的な意味は関西弁で言う「アホ」に近いが、どこかに「インチキくさい」とか「生意気だ」というニュアンスも含まれている。

支持者らのなかには、幸の言動を「はんかくさい！」と形容する者も少なくなかった。ただ、「はんかくさい」には、その生意気さにたまりかねた親が子供を叱る時のような、愛情も含んだアンビバレントな表現という一面もある。

幻の北海道知事選挙

ＪＲ室蘭本線・東室蘭駅から車で一〇分ほどの高台にある住宅街。その奥まった一画に、ひときわ目を引く三階建ての邸宅が周囲を睥睨《へいげい》するように建っている。室蘭市にある由紀夫の自宅、通称「白亜《はくあ》の豪邸」である。

一九九六（平成八）年、由紀夫は不倫スキャンダルに見舞われた。『週刊新潮』一九九六年十一月七日号の記事によれば、お相手は室蘭の繁華街で店を出していた水商売の女性で、由紀夫が彼女との逢瀬《おうせ》を繰り返していたのはこの白亜の豪邸だったという。

ここではまた、「鳩の会」によるガーデンパーティも開かれていた。「鳩の会」は由紀夫を囲む女性支持者の会だが、東京の音羽御殿で開催されている観桜会を小さくしたようなパーティだった。

由紀夫は『文藝春秋』二〇〇九年七月号の「わが政権構想　猛獣小沢をこう使う」のなかで、「上から目線」と「国民目線」という二つの言葉を多用している。

〈自民党が長年続けてきた、上から目線の政治、官僚主導の政治を、いまこそ変えなければならない〉

〈上から目線の政治を排して、国民目線の政治を行いたい〉

〈上から目線の麻生首相らしい答えだなと思いました〉

しかし、母・安子に建ててもらった、東室蘭駅近くの豪華な後援会事務所、「はとやま会館」ともども、室蘭の人々の目には、「上から目線」の象徴と映っている。

事実、「上から目線」でなければ起こり得ないような出来事も発生している。一九九四年十一月、翌年に迫った北海道知事選挙に名乗りを上げた時も、由紀夫は後援会をはじめとする関係者を平然と裏切っている。

室蘭市にある「はとやま会館」(2009年、著者撮影)

後述するように、前年、由紀夫は自民党を離党し新党さきがけを結成していたが、その後、非自民の細川護熙連立政権を経て、この時は自民党、社会党、新党さきがけの三党による「自社さ政権（村山富市内閣）」が発足していた。

自民党とよりを戻していた由紀夫

は、後援会幹部らを前に北海道知事選への出馬を正式に宣言しておきながら、直前の直前になって、関係者に一言の相談もなく一人で勝手に取り止めてしまった。いわゆるドタキャンである。

慌てた後援会幹部が由紀夫を呼んで説明を求めると、由紀夫は「武村さん（新党さきがけの武村正義代表）から『あなた（由紀夫のこと）にここで抜けられてしまうと、新党さきがけが持たなくなってしまうので（知事選には出ないでほしい）』と言われたものですから」と、涼しい顔をして答えた。

その後、ドタキャンに及んだ由紀夫への関係者の批判が高まると、今度は「いや、室蘭の人たちから『もっと上を目指せ』とも言われたものですから」と、「室蘭の人たち」という漠然とした有権者を騙《かた》る形で、その場を取り繕《つくろ》おうとしたのである。

現在は北海道自民党支部連合会事務局の常任相談役で、当時、由紀夫の知事選出馬のための選挙準備を任されていた武谷洋三《たけやようぞう》は、次のように騒動を振り返っている。

「本人（由紀夫のこと）が正式に『出馬します』と言ったので、さっそく選挙資金の調達に取りかかりました。鳩山家は金持ちだが意外にケチなところがあり、これまでも選挙資金の調達では苦労をさせられてきたので、札幌の料亭に三人の財界人に集まってもらい、一人一億、合計三億円の資金協力の約束を取りつけたんです。そうしたら、当の本人がドタキャンしちゃったという。苦労して資金協力を取りつけたのに、いったいどうなっているんだと思いましたね」

ちなみに、この時は、『鳩山由紀夫が北海道知事選に出馬』のスクープを報じた某大手紙の記者が、記事の責任を取らされる形で左遷されている。常識では考えられない由紀夫の気まぐれによって、スクープが誤報に変えられてしまったのである。

このような「言葉の軽さ」を感じさせる言動は、一つ間違えると、「二枚舌」といわれても仕方がないことになる。

二〇〇九年一月六日に開かれた衆議院本会議で、当時、民主党幹事長だった由紀夫は、次のように演説している。

〈道路財源の問題です。自民党の道路族と官僚は、福田内閣が生活者財源だとした一般財源化方針を麻生内閣でひっくり返したと小躍りして喜んでいます。総理は、交付税だ、交付金だと右往左往しながら、結局は暫定税率を維持し、道路と公共事業に使い道を限定したひもつきの交付金を創設することで、道路財源の一般財源化を実質放棄いたしました〉

要するに、道路財源を一般財源化し、道路や公共事業には限定するな、と主張しているのである。

さらに、由紀夫は次のように続けている。

〈わずか六百億円を社会保障費に回し、中途半端な高速道路料金の割引を短期間行うことで国民を欺き、族議員と官僚にひざを屈したことを隠そうとしています。一国の総理として余りにも情けない、惨めな幕引きではないでしょうか。

要するに、道路を整備するという大義名分をかざしながら、膨大な利権とムダ遣いを今後も続けるという国民に対する裏切り宣言です。麻生総理はひもつき交付金を一般財源と言うのか、なぜ暫定税率をそれならば維持するのか、この国民の代表が集う衆議院本会議場ではっきりとお答えください〉

ここでは、一般財源化した道路財源を社会保障費に回せ、と主張している。

実は、由紀夫の現選挙区である北海道九区の日高地方には、苫小牧（苫小牧東インター）

と日高（日高富川インター）を結ぶ「日高自動車道」が通っている（一部暫定無料供用）。現在は富川までしか開通していないが、実際に走ってみると、やはり一般道を行くよりははるかに快適で早い。

この際、高速道路建設の是非は措《お》くとしても、問題なのは、国会であれだけ高速道路建設を批判していた由紀夫が、自分の選挙区を走るこの日高自動車道については頬かむりを決め込んでいる、という点である。

事実、現選挙区内のどの政界関係者に尋ねても、「由紀夫は一度として日高自動車道の不要論を唱えたことはない」という答えが返ってきた。

他人の選挙区の高速道路は批判しておきながら、自分の選挙区の高速道路は黙認するというのでは、由紀夫が批判する道路族とまったく同じ論理であり、民主党が批判する官僚による不作為の作為とも同じである。

しかも、こうした由紀夫の言動が災《わざわ》いして、たとえば室蘭市では、市長や助役が国や道に陳情に赴いても、「公共工事はいらないと言っている先生のお膝元ね」と皮肉を言われるばかりか、現実的にも陳情が受け入れられにくくなっているという。

そんななか、室蘭では、「白鳥大橋《はくちょう》」の暫定無料供用が由紀夫の手柄とされているというから、まさに皮肉である。

白鳥大橋は室蘭港に架かる吊り橋で、明石海峡大橋、瀬戸大橋（複数橋）、大鳴門橋、因《いんの》島《しま》大橋、安芸灘大橋に次ぐ第九位のスパン（長さ）を誇っている。

総工費は一二〇四億円、年間維持管理費は四七四〇万円（一キロメートルあたり）、通行量は一万二五〇〇台で、費用対効果分析結果（B／C）は一・五（いずれも二〇〇三＝平成十五年の公表データ）。要するに、費用の割にはあまり利用されていない橋なのだが、問題にしたいのはその点ではない。

白鳥大橋は現在まで、無料で通行できている。とはいえ、完成直前にゴタゴタがあり、北海道開発庁（現在は北海道開発局）や室蘭市議会が有料化に傾いたことがあった。この時、新党さきがけ代表幹事の由紀夫が有料化に異議を唱えた。そのため、地元では「通行無料は由紀夫の手柄」と言われているのだが、前出の桜井にこの点をぶつけてみたところ、まったく違う事情であることが分かった。

桜井によれば、白鳥大橋の無料供用は南条徳男の功績だという。南条は一九六九（昭和四十四）年の暮れ、大蔵省に出向いて調査予算を陳情。この時、南条は有料化を前提に陳情したが、腹のなかでは、「予算を取ってしまえばこっちのもの」と考えており、開通後の無料供用は当時の建設大臣にもすでにネゴシエーションしてあったという。

本予算の陳情は一九八〇年暮れ、南条を引き継いだ三枝三郎が行ったが、この時は折衝がいささかうまくいかず、最後は北海道開発庁長官を務めていた原健三郎の鶴の一声で決まった。もちろん開通後の無料供用の一件も申し送られており、完成直前のゴタゴタの際に由紀夫が何を言おうが言うまいが、開通後無料供用は既定の路線だったというのだ。

鳩山由紀夫後援会崩壊す

自民党田中派のプリンスとして出馬、当選した由紀夫は、初当選から七年後の一九九三（平成五）年、それまでの自民党を突如として離党し、新党さきがけの結成に参加する。由紀夫の変節が本格化したのは、まさにこの時からだった。

驚くべきことに、由紀夫は自民党からの離党、新党さきがけへの参加という、政治的にきわめて重大な路線転換に際し、桜井をはじめとする後援会幹部にたった一言の相談もないまま、独断専行で事を進めた。

驚いた桜井が由紀夫を呼んで質《ただ》すと、由紀夫は「事前に相談すると話が壊れてしまうので（黙っていた）」と説明した。その後、由紀夫から電話で簡単な事後報告を受けた後援会幹部の一人は、「電話一本で済ますとは何事だ」と激怒して、その後、由紀夫との関係を一切、絶ってしまった。

この年に成立した非自民の細川連立政権で由紀夫は官房副長官に納まったが、南条、三枝以来の後援会はそれでも由紀夫を支え続けた。

翌一九九四年六月、自社さ政権の成立で由紀夫と後援会の関係は正常化するが、今度は同年秋、前述した北海道知事選でのドタキャンが発生する。この頃から、後援会内部でも由紀夫の「人間性」に対する不信感が増幅していった。

両者の亀裂が決定的となったのは二年後の一九九六年。この年、由紀夫は新党さきがけを離党し、旧民主党（現在の民主党の前身）を結成、菅直人とともに代表に納まった。桜井によれば、この時も由紀夫からの事前の相談は一切なく、これを機に南条、三枝以来の組織をベースとする鳩山由紀夫後援会は、一気に崩壊へと向かっていったという。

由紀夫の初出馬以来、由紀夫を支えてきた北海道道議の一人が述懐する。

「新党さきがけまでは、非自民の細川連立政権の時代を除き、さきがけが自民との連立を組んでいたという事情もあって、後援会も由紀夫氏を支えました。しかし、民主党ということでは、立場上も支えることはできない。

ただし、そのような中央の政界再編にともなう状況変化以上に、何よりも由紀夫氏自身のやり方、人間性が問題だった。政治的に袂を分かつにしても、電話一本寄こさず、さんざん世話になった南条先生、三枝先生以来の後援会を足蹴《あしげ》にするというのは、やはりいただけない。ここに至るまでの間に、後援会の半分くらいの人は由紀夫氏に見切りをつけていたはずです」

実際、新党さきがけへの参加から民主党の結党へと至る過程で、室蘭における由紀夫の後援会員数（自民党の個人党員）は、実に二七〇〇人から一〇〇人へと激減した。

それにしても、由紀夫はなぜかくもあっさりと、それまでの後援会を足蹴にすることができたのか。

いかに高い理想を掲げても、次の選挙で落選してしまっては元も子もない。選挙に落ちればただの人である。

由紀夫はそれまでの後援会組織に代わる新たな票田でも手に入れたのだろうか。

実は、この謎を解くべく北海道の政界関係者に話を聞いて歩いたところ、「横路孝弘《よこみちたかひろ》」の名前がキーマンとして浮上してきた。北海道知事を三期務めた、あの横路孝弘である。

自民党北海道支部連合会のさる大幹部は次のように語っている。

「北海道知事を三期務める間に、横路は強大なる政治基盤を築いた。衆議院議員に転じてからは、札幌の中心部にあたる北海道一区（中央区、南区、西区）を選挙区にしているが、おそらくどんな候補者が挑戦しても、横路には勝てないだろう。その力の最大の源泉は日教組（日本教職員組合）と連合（日本労働組合総連合会）と自治労（全日本自治団体労働組合）だ。由紀夫は、自分と思想や信条はまったく異なっても、そこにさえ目をつぶって横路と手を組めば、それまで以上の安定した組織票を手に入れることができる、と計算したんだろう。

そこで横路に密かに接近し、南条以来の後援会を裏切った――」

横路は衆議院議員から北海道知事を経て、一九九六年、旧民主党公認で再び衆議院議員となっている。この年は由紀夫が旧民主党を結成したまさにその年にあたっており、右の大幹部の指摘とも一致する。

由紀夫の現選挙区にあたる北海道九区は、由紀夫が本拠地としている室蘭、準本拠地としている苫小牧に、大きな連合の組織が存在している。しかも、政権交代フィーバーに沸いた二〇〇九年の衆議院議員選挙を除けば、由紀夫はいずれの選挙でも室蘭と苫小牧以外では苦戦を強いられてきた。

それでも着実に当選を重ねてきたのは、室蘭と苫小牧の人口が他の市町村に比べて飛び抜けて多く、かつ、その二都市で連合が大きな力を握っていたからである。

仮に由紀夫が連合票を期待できない選挙区を地盤にしていたとすれば、横路と手を組んでそれまでの後援会を裏切ることなどできなかったはずであり、ひょっとすると民主党の結党すらあり得なかったかもしれない。

ついでに言えば、日教組、連合、自治労の選挙での資金力と動員力はすさまじく、自民党の候補を含め、決められた選挙費用の範囲内でアルバイトを雇わなければならない候補など、土台、太刀打ちできない。

自民党が得意としていた企業ぐるみ選挙が衰退へと向かっている今、日教組と連合と自治労は候補者にとってまさに打ち出の小槌《こづち》なのである。

ちなみに、横路の父・節雄は北教組（北海道教職員組合。日教組傘下の団体のなかでも最も活動的と言われている団体）のリーダーから社会党の衆議院議員になった人物で、父子ともども筋金入りの旧社会党系である。

このような背景を踏まえた上で、二〇〇三年九月四日付『毎日新聞』夕刊に掲載された次の記事を読めば、由紀夫の変節がさらに鮮明に浮かび上がってくるはずである。

〈小沢（一郎。以下、筆者注）さんはリアリストでパワーゲームをご存じなので、政策的に多少違っても乗り越えて一つになる努力をしない限り政権は取れないと考えている。そのためには社民党とも組むという論理だ。しかし、先日も小沢さんと酒を飲みながら議論したが、私と違うところはそこだ。政権も取らねばならないが、そのために社民系の勢力が加わることで国民に「あの政党は何を考えているか分からない」と思われたら、結果としてマイナスだと思う。両党（民主党と自由党）の合流は今、足し算以上の効果が出ている。政策的にはより保守的な方向にシフトして、国民に安心感を与えている。財界も経済政策に対する信頼感を増している。ここに社民党が加わると改憲と護憲が同居してしまう。今はウイングを広げて国民の不信を招くようなことはしないほうがいい〉

この発言をもとに、二〇〇九年衆院選における由紀夫の政治行動を眺めると、変わり方がよくわかる。国民新党とともに社民党を連立パートナーとし、「政権交代」を訴えてきたのは、民主党・由紀夫代表その人だったのである。

かつて思想も信条も違う横路と手を組み、大恩のある三枝以来の後援会を袖にした、由紀夫の行動の特徴が、ここに現れているのではないか。

二〇〇九年の「政権交代」選挙で民主党が大勝利を収め、由紀夫が祖父・一郎に続いて政権を手にした今、社民党はかつての鳩山由紀夫後援会の二の舞になるはずだ。

大勝した民主党にとって、社会党はすでに必要不可欠の勢力ではない。それ以上に、由紀夫が首相に上りつめたことで、社民党がその一部を継承した旧社会党系の票田は、必要不可欠とはいえなくなったのである。

由紀夫の手になる『憲法改正試案の中間報告』には、「安全保障」について、次のように書かれている。

〈独立したひとつの章として「安全保障」を設け、自衛軍の保持を明記することとした。現行憲法のもっとも欺瞞《ぎまん》的な部分を削除し、誰が読んでも同じ理解ができるものにすることが重要なのだ。この章がある以上、日本が国家の自然権としての個別的、集団的自衛権を保有していることについて議論の余地はなくなる〉

つまりは、〈現行憲法のもっとも欺瞞的な部分〉を体現してきたのが旧社会党であり、その旧社会党の票田を巧みに利用してきた者こそ、右の試案を書いた由紀夫自身なのである。

北の大地の異邦人

鳩山農場のあった夕張郡栗山町鳩山の地で、中選挙区制時代、同地区の鳩山由紀夫後援会の会長を務めていた前出の田中弘記は、鳩山の地にすっかり顔を見せなくなった由紀夫について、前述したように、「実際、地元のためにはナーンもしてくれなかった人でした」と語った。

その表情には、由紀夫と鳩山家に対していまだに残る思慕《しぼ》の情とともに、一抹《いちまつ》の淋しさが感じられた。

同じ感情は、自民党室蘭支部幹事長として由紀夫を引き立ててきた桜井孝輝の言葉からも、読み取ることができた。

「その後、由紀夫氏から連絡が入ることはありますか」

伴侶《はんりょ》のいなくなった自宅二階の和室で、筆者がこう問うと、桜井はボソリと答えた。

「ないね。私はもう過去の人だから」

しかし、たとえ過去の人になっても、由紀夫には、どうしても言っておきたいことがあるようだった。

二〇〇〇（平成十二）年六月に行われた第四二回衆議院議員選挙。この時、由紀夫は民主

地元の室蘭市で幸夫人（右）と一緒に投票する鳩山由紀夫（北海道室蘭市高砂町で。2000年6月25日）

党代表として選挙戦の第一声を竹下登元首相のお膝元・島根で上げている。

前月に政界を引退した竹下は病気入院中で選挙戦の最中に病死したが、実は、由紀夫が初めての衆議院議員選挙を戦った時、自民党の幹事長を務めていた竹下は由紀夫の応援演説のため北海道入りしていた。

桜井が振り返る。

「竹下さんは、胆振、日高、空知にわたる広大な選挙区を、由紀夫氏のために走り回ってくれました。最終地の滝川に送迎用のヘリを待たせ、そこから千歳空港を経由して、飛行機で帰京するという、異例とも言えるスケジュールでした。その後、新党さきがけから民主党へと、政治的な立場の変遷があったとはいえ、大恩ある竹下さんの入院中に、そのお膝元で第一声を上げた由紀夫氏に、私は今でも人間的疑問を感じているんです。ああ、いやだな、と思いました」

桜井によれば、この遊説中、由紀夫は意外な一面を見せたという。

由紀夫の演説中、竹下が次の遊説先への移動の準備を始めた。すると、由紀夫が「まだ二、三分ある！」と、竹下に食ってかかったのだ。

「竹下さんにヤル気のあるところを見せたかったのかもしれませんが、由紀夫氏には意外に強情なところもあるんです。いったん言い出したら譲らないようなところが」

由紀夫はまた、小渕恵三首相との最初の党首討論の際にも、アメリカから「冷めたピザ」と酷評《こくひょう》されていた小渕を、「今朝、小渕総理は朝食に何を食べましたか。私は温かいピザを食べました」と揶揄《やゆ》した。

桜井によれば、その小渕も、由紀夫の最初の衆議院議員選挙で、若い由紀夫のために、応援演説を買って出てくれた一人だったという。

「ドライでいいのはビールくらいのもので、一国の首相となった由紀夫氏には、義理や人情を含めた、人間関係のメリハリ、ケジメというものを、ぜひ持ってもらいたい」

由紀夫について語る際、桜井はよく田中角栄と鈴木宗男を引き合いに出した。

角栄と宗男に共通しているのは「苦労人」であること。そして、由紀夫に欠けているのが、まさにその点であるという。

「由紀夫氏は、お膳立てのなかで生きてきた人間です。福祉だ何だと、政治用語を駆使してきれいゴトは言えても、苦労を知らない人間には、本当の貧乏人の辛さは分からない」

実は、桜井の息子の忠は、由紀夫の秘書として政治の修業を積み、苫小牧の市議会議員を経て市長になっている。

現在はすでに市長を引退しているが、市議会議員から市長選に立候補しようとした時、由紀夫から「出るな」と出馬を止められた。言われるままに、忠は立候補を取り止めた。

ところが、次の市長選で忠が立候補を宣言すると、由紀夫は自分の事務所の人間を対立候補に立ててきたという。

以前、市議会議員選挙出馬のため、忠が由紀夫の秘書を辞めた際、由紀夫は別の秘書を忠のもとに差し向け、退職金代わりの三〇万円を届けさせた。

後に、忠は「三〇万円なんていらないから、由紀夫氏自身の手で三万円届けてほしかった」と、父親の桜井に淋しそうに語ったという。

北の大地に落下傘降下した「宇宙人」は、どこかで「異邦人」へと変節したのかもしれない。

第五章

リベラリズムの風

奔放の家風

鳩山家の家風やイメージを表す言葉の一つに「リベラル」がある。

二代目の鳩山一郎は、日ソ国交回復に執念を燃やした政治家であった。あるいは友愛運動の提唱者としても知られていた。これらがもたらすイメージから、「リベラリスト」だとみられることが、少なくなかったのである。

祖父の一郎に続き日本国の首相となった鳩山由紀夫も、その政治的立脚点や言動などの醸《かも》し出すイメージから「リベラリズムの旗手《きしゅ》」などと呼ばれる。

しかし、「リベラル」という言葉の指し示す実体を説明することは、実はなかなか容易ではない。由紀夫にしても、「リベラル」の冠を安易にのせると、実像を見誤るおそれは多分にある。

そしてまた、リベラルの系譜としてイメージされる鳩山家の家風を説明することも、同じように難しい。

四代をたどってきた筆者には、「リベラル」よりも、「奔放」というキーワードが見えてならないのである。それは鳩山家の「リベラル」とどこかで繋《つな》がっていると思える。まずそこから、みることにしよう。

初代の和夫は、アメリカ留学から帰国した一八八〇（明治十三）年、母校・東京大学の法学部講師の職を得た。ところが、翌年、和夫は鳩山家の「奔放」の家風の原点ともいうべき舌禍《ぜっか》事件を起こす。

それは、和夫が講師になって初めて迎える卒業式での出来事だった。式には、皇族をはじめ、太政大臣などの政府の高官も列席していた。前出の鳩山春子編『鳩山の一生』によれば、「法律の効用」と題された和夫の演説の要旨は、次のようなものだった。

〈国家を発展せしめ、国力を充実せしむるには必ず人材を養成せねばならぬ、すなわち国民教育が第一である、然《しか》るに我が国の教育機関たるや実に極めて微々たるものではないか、これは文部省自身にも責任があるけれども、また教育事業に金を出さぬ大蔵省にもその責の大半はある、教育は時代より常に一歩を先んじ、何人の子弟と雖《いえど》も教育を受けられる様に普及せしめねばならぬ、時代は人の知らぬ間に進む、油断をすると何時如何《いか》なる危険が発生せぬとも限らぬ、法律の効果というものは、平生《へいぜい》こそ左様《さよう》には思われぬが、一朝何事《いっちょうなんじ》があれば直《ただ》ちにその効果を発揮する、灯火のある間は提灯《ちょうちん》は左程《さほど》にも有難《ありがた》がられぬが、一朝にして灯滅《とうめつ》すれば提灯の利を認める、仏蘭西《フランス》革命で凡《すべ》てが破壊しつくされた時に初めて法律の有難味が解った如《ごと》きがそれである〉

皇族を前にしての文部省批判と大蔵省批判。これが各方面の逆鱗《げきりん》に触れた。やがて大学を退いた和夫は、翌一八八二年、弁護士を開業するに至っている。

実は、この舌禍事件にはプロローグがある。卒業式の直前、大学側の二度にわたる演説要請に対し、和夫は、「然らば何を云うか分らぬが夫《それ》でも宜《よろ》しいか」と問うた。大学側が「宜しい」と言うので、右の演説をぶち上げたという。

このあたりに、「奔放の家風」がもたらす精神のありようが、よく表れているのではないか。

一郎は、一九四三（昭和十八）年、東条英機《とうじょうひでき》内閣の翼賛《よくさん》体制を批判して、長野県・軽井沢の別荘で蟄居《ちっきょ》生活を余儀《よぎ》なくされた。一郎は前年の翼賛選挙で立候補して、当選を果たしていた。戦時下での東条批判は「奔放の家風」を思わせる。ただ、一郎は癇癪《かんしゃく》持ちで知られており、直言に近い言動が、そこからもたらされた面も多分にあるのだろう。

終戦から一年後の一九四六年、かつて東条を批判した一郎は、こんどは、新たに乗り込んできた連合国軍最高司令官司令部（ＧＨＱ）によって公職追放される。その理由については諸説ある。

俗説として面白いのは、一郎の著書『外遊日記　世界の顔』（中央公論社）がヒトラーとファシズムの礼賛本とされたとする説だ。

これは措《お》くとして、有力説の一つには、前年の日本自由党の結党にあたり、九月十五日の『朝日新聞』に発表した論文が原因だったとするものもある。論文は日本に原子爆弾を投下したアメリカを厳しく糾弾《きゅうだん》する内容だった。こうした一文をＧＨＱが乗り込んできた時期に書き放ってしまうあたり、前述した父・和夫の舌禍事件に重なる、「奔放の家風」がもたらした出来事だと言えなくもない。

もちろん、こうした枉《ま》げずに「直言」する態度は、権威・権力をものともしないように映り、「リベラル」と目される結果の一つともなっている。

しかし、いっときの言動で「リベラル」とみるのは早計であろう。一郎はあくまで政治家である。政治的な行動が「リベラル」であるかどうか、判断しなければならない。

後述する「友愛運動」はひとまず措くとして、一郎が「リベラリスト」と呼ばれる最大の理由は、好敵手・吉田茂の親米路線に対抗する形で、日ソ国交回復に執念を燃やし、ついにそれを実現したという、ストーリーとイメージにある。

一九五六年、一郎は国交回復交渉のためモスクワに飛ぶが、一郎は脳溢血《のういっけつ》の後遺症（左半身麻痺《まひ》）を抱えており、随行《ずいこう》記者団のなかには、万が一の場合に備えての予定稿を準備していた社もあった。実際の一郎は拍子抜けするほど元気だったようだが……。

この交渉がもたらした日ソ国交回復の成功は、一郎を「リベラリスト」と位置づける決定的なものであった。

節目節目での「歯に衣《きぬ》を着せぬ」反権力的言動、そして日ソ国交回復。もっとも、それだけで一郎＝リベラルというイメージを持つのも早計だろう。さまざまな面のなかで、一郎には「リベラル」なところも、あるにはあった、というくらいにとどめておいたほうが、よさそうである。

ほかにも一郎には、バラを愛《め》で、賛美歌を歌うクリスチャンというイメージもある。また、第二章で詳述した北海道・鳩山農場での小作人争議では、木で鼻をくくったような対応に終始するという一面も見せている。

三代目の威一郎は、前述したように艶福家として知られている。これは父・一郎ゆずりだともいえよう。大蔵事務次官という堅いイメージとは裏腹に、威一郎は東京・赤坂の花柳界で「ポッポちゃん」の異名を取り、赤坂の芸者との間に二人の娘までもうけていた。

威一郎の二男・邦夫は、前出の『文藝春秋』の「鳩山邦夫　大いに吼《ほ》える」のなかで、次のように語っている。

〈晩年、親父（威一郎のこと。筆者注）が寝たきりだったのですが、自宅へ親父の女がやってくる。するとおふくろ（安子。筆者注）は重ならないように時間を分けて、看病していました。おふくろは強いですよ。だけど性格はものすごく激しい。私の性格の激しさは、おふくろからきていると思いますね〉

祖父・一郎についても、邦夫はこう述べている。

〈祖父が外につくった女性がいつもクリスマスや正月に来ていました。私たちは「ナントカお姉様」と呼んでいましたけど、それが一郎の妾の子だということを中学生の頃に姉に教えられたときは、ちょっとショックがありましたね〉

邦夫は、右のように「家族」の出生にまつわる秘密の一部を、あっけらかんと雑誌で語ってしまう。このことからも窺《うかが》えるように、どちらかと言えば邦夫も、和夫の舌禍事件に重なる「奔放の家風」の人であろう。

法務大臣時代の二〇〇七（平成十九）年、「私の友人の友人がアルカイダ」と発言して誤解を呼んだ一件も然り。総務大臣時代、かんぽの宿問題で激高《げきこう》し、みずから首相に祭り上げた麻生太郎に食ってかかった一件も、また然りである。

こうした邦夫の「激しさ」は、由紀夫にも向けられる。

二〇〇五年の衆議院議員選挙では、母方の祖父・石橋正二郎の出身地・久留米を中心とする福岡六区に選挙区を移し、兄・由紀夫の側近として知られる古賀一成を落選に追い込んでいる。

同様に、二〇〇三年の衆議院議員選挙でも、兄の同志である菅直人（民主党代表。当時）の東京十八区に乗り込んだ。「あのような人物を一国の総理にするわけにはいかない」と鼻息は荒かったが、返り討ちに遭《あ》って落選した（比例区で復活当選）。

邦夫は蝶を愛でるのが趣味だが、由紀夫は生きた蝶を標本にするのが忍び難く、蝶の採集をやめてしまったという。

「日本のケネディ家」の資産

鳩山家は「日本のケネディ家」とも呼ばれる。

そう呼ばれる理由は二つある。

一つは、両家がいずれもリベラルなイメージを放つ政治家の系譜《けいふ》であること。もう一つは、両家ともに一族が莫大《ばくだい》な遺産を相続、保有してきた資産家の系譜であるということだ。リベラリストと資産家の系譜。この二つが「名門」としての鳩山家とケネディ家の共通点である。

鳩山家が相続、保有してきた莫大な資産の源泉は、威一郎の妻・安子の実家にあたる石橋家、つまりは安子の父・石橋正二郎にある。

鳩山家と石橋家のえにしは一郎と正二郎に始まり、その後、一九四二（昭和十七）年に威一郎と安子が結婚することになった。

一郎と正二郎が知り合ったのは一九四一年、東京・両国での相撲《すもう》見物の折で、二人を引き合わせたのは正二郎と同郷の大日本製糖役員（当時）の小倉敬止だったと言われている。

戦災で音羽御殿を焼け出された一郎は、音羽御殿の修繕《しゅうぜん》が終わる一九五五年までのおよそ一〇年間、東京・麻布永坂にあった石橋正二郎邸で暮らした。

当時の石橋邸では、一郎と、三木武吉《みきぶきち》をはじめとする一郎の盟友たち、それに正二郎を加えた鳩首《きゅうしゅ》会談が、しばしば行われた。

日本自由党（のちの自由党）の結党、日本民主党の結党、そして自由党と日本民主党による保守合同など、いずれも右の鳩首会談によってその作戦が練られた。由紀夫と邦夫の二兄弟が生まれ育ったのも、こうした石橋邸だったのである。

鳩山家が相続、保有してきた資産の状況は、一九九三（平成五）年に死去した威一郎の遺産から、辿《たど》っていくことができる。

威一郎が遺した遺産は、おおむね以下の通りである。

《遺産総額／約一五一億円》

- 音羽御殿――約五〇億円
- 長野県軽井沢別荘土地建物――約二六億円
- ブリヂストン株式約四五〇万株ほか株式――約六〇億円
- 定期預金――約一五億円

このうち、ブリヂストン株式約四五〇万株は、生前の威一郎が正二郎から受け継いだものである。

この威一郎の遺産は、妻の安子、長女の和子（嫁ぎ先は井上多門筑波大学教授）、由紀夫、邦夫に、それぞれ以下のように相続された。

《鳩山安子相続分／約七七億円》

・音羽御殿——約五〇億円

・ブリヂストン株式二〇五万株——約二七億余円

《井上和子相続分／不明分除き約一〇億余円》

・ブリヂストン株式八一万株——約一〇億余円

・定期預金——金額不明

《鳩山由紀夫相続分／約二四億円》
・ブリヂストン株式八二万株——約一一億円
・長野県軽井沢別荘土地建物（折半）——約一三億円
《鳩山邦夫相続分／約二四億円》
・鳩山由紀夫に同じ

この遺産相続による由紀夫と邦夫の納税額は約一七億円だった。

邦夫は、前出の「鳩山邦夫　大いに吼える」のなかで、次のように述べている。

〈鳩山の家には、基本的に軽井沢の別荘と東京の土地ぐらいで、他に資産は大してない。兄も私も、ブリヂストン創業者の孫として分け与えられた株式があって、その配当金で育ってきた。最近、企業の収益から賃金へ回される額と、配当額が同じだという議論がありますが、その話になると辛いですね。配当が減るとかなり侘しい生活になる。その意味では石橋正二郎に感謝しています〉

では、現在、由紀夫と邦夫はどのくらいの資産を保有しているのか。
二〇〇五年の『資産等報告書』によれば、次のような内訳になっている（数字表記は引用元に従う）。

《鳩山由紀夫現有資産——合計約八十六億三千万円》

①不動産（合計約十五億余円）
・東京都大田区田園調布自宅（土地二百六坪、建物百十三坪）——推定約六億五千万円
・北海道室蘭市高砂町自宅（土地三百六坪、建物百五十三坪）——推定六千万円
・北海道苫小牧市木場町事務所（土地二百坪、建物七十一坪）——推定三千五百万円
・長野県軽井沢別荘（土地二千百八十四坪、建物百九坪）——推定七億六千万円

②株式預貯金（合計約七十一億三千万円）
・ブリヂストン株式三百五十万株——推定五十七億円

・王子製紙、東京電力などその他株式――約一億五千万円
・預金――約十二億八千万円

《鳩山邦夫現有資産――合計約八十七億五千万円》
①不動産（合計約二十五億二千万円）
・東京都文京区本駒込自宅（土地三百九十四坪、建物百五十七坪）――推定十六億二千万円
・埼玉県八潮市大瀬土地（四百九坪）――推定一億五千万円
・長野県軽井沢別荘（土地二千百三十坪、建物七十四坪）――推定七億五千万円
②株式預貯金（合計約六十二億三千万円）
・ブリヂストン株式約三百七十五万株――推定六十億八千万円
・王子製紙、東京電力などその他株式――約一億五千万円

由紀夫と邦夫の母・安子の現有資産は不明だが、威一郎から相続したブリヂストン株が今も相当分残っているものと思われる。

ちなみに、ＪＲ室蘭本線・東室蘭駅近くの室蘭市中島町にある由紀夫の現地事務所（三階建て）、「はとやま会館」は安子の所有である。ビル名「ＹＨＹビル」の上の「Ｙ」は由紀夫のＹ、「Ｈ」は鳩山のＨ、下の「Ｙ」は安子のＹを意味しているという。

また、右に掲げた由紀夫と邦夫の現有不動産資産の大半は、安子が買い与えたものである。安子が「ゴッドマザー」と言われるゆえんである。

前出の神一行著『閨閥』には、鳩山家について次のように書かれている。

〈いうなれば鳩山家は、複合的に存在する日本の支配階層のどの領域にも登場し、〝名門〟という言葉をほしいままにしている家系なのだった。後ほど日本の名家や上流家族を幾家も紹介していくが、鳩山家の血筋はその山頂で輝いているといってよい。

一般に、いかなる上流家系でも、三代、四代目あたりになると直系後継者は隅のほうに追いやられ、女系を中心にした閨閥で栄えるものだが、鳩山家は違う。〝純血・直系〟の四代

にわたる〝超政治エリート〟を築きあげているのである〉

神の解説に付言すれば、鳩山家は、そのような強固な直系四代と、これまた強固な「女系」四代とが結びつくことで、類稀《たぐいまれ》なる名門を作り上げてきた、ということになるだろうか。

友愛精神とはなにか

現代における「リベラリズム」は、一般的に「自己と他者の自由を尊重することで社会的公正を目指す思想体系」だと考えられている。

実は、この定義による「思想体系」は、鳩山一郎が唱えた「友愛」と多くの点で符号《ふごう》している。

一九四六（昭和二十一）年、一郎は日本自由党初代総裁としての組閣《そかく》の大命《たいめい》を目前にして、連合国軍最高司令官司令部（ＧＨＱ）によって公職追放指令を受けた。

繰り返しになるが、公職追放ののち、一郎は長野県・軽井沢の別荘での蟄居生活に入ったが、その前に静岡県・熱海の別荘で、一年間の晴耕雨読《せいこううどく》生活を送っている。

そのとき一郎は、「汎《はん》ヨーロッパ運動（欧州統合を目指す運動）」の提唱者であるクーデンホーフ・カレルギーが著した『自由と人生』なる書物に出会った。そこに書かれていた「友愛革命」に関心を抱いた一郎は、同書を翻訳しながら原書で読み進むうち、カレルギーの思想に次第に傾倒《けいとう》していった。

カレルギーは、オーストリア・ハンガリー帝国の駐日特命全権大使で、日本人・ミツコを妻に持つハインリヒ・クーデンホーフ・カレルギー伯爵《はくしゃく》の子息だった。

前出の『鳩山一郎回顧録』には、その間とその後の事情が次のように記されている。

〈私が友愛思想の普及を考え始めたのは、前にのべたように、追放中、クーデンホフ・カレルギ氏の著書、トウタリタリアンステイト・アゲインスト・マン、を翻訳した時に遡る。彼はその著書のなかで

「民主主義というものは、自分の自由と自分の人格の尊厳を尊重すると同時に、他人の自由と他人の人格をも尊重する思想が基礎にならなくては、成立しない。従来、世界の歴史上、平等のための革命と自由のための革命はあったけれども、友愛のための革命は存在したことはなかった。しかし民主政治完成のためには、どうしても、この友愛革命が必要である」

と説いている。この考え方に、私は大変共鳴し、自由主義と民主主義に理解と経験の少いわが国では、特にこの友愛精神の普及を計ることが大切であると考え、昭和二十八年四月、友愛青年同志会を組織した〉

最後に登場する「友愛青年同志会」を組織する前年、一九五二年の九月十二日に、一郎は政界復帰後初となる公式演説で、「友愛革命」を次のように紹介した。

「友愛と智を両輪とした民主主義政治の確立のための改革を『友愛革命』という」

そして、こう畳みかけた。

「フランスの旗印は、自由と平等と友愛の三つであった。それが三色旗になっている。戦後の日本は、自由と平等を学んだが、友愛を忘れた。みんなが自由を叫び、平等を叫ぶだけであったら、必ず闘争が起こる。本当の自由も成立しない。ストライキが頻発しているのは、三つのなかの一つが欠如しているためである。友愛という、自由と平等を結びつける紐帯なしに真の民主主義はあり得ない。三つがなければだめ。今の日本には一つ欠けている」

第二章で詳述した鳩山農場での自作農要求争議が続いていた時期と、一郎がカレルギーの友愛思想に次第に傾倒していった時期は、若干、オーバーラップしている。「ストライキ」などという言葉まで登場する、いささか肩に力の入った右の演説では、あるいは自作農要求争議の際の記憶がチラついていたのかもしれない。

それはともかく、一九五三年に組織された友愛青年同志会は、その後、財団法人日本友愛青年協会へと組織改変され、現在に至っている。

ちなみに、一郎の死後、妻の薫は友愛青年連盟の二代目会長に就任している。

その後、二〇〇八（平成二十）年には井上和子を塾長、由紀夫と邦夫を塾長代行とする鳩山友愛塾も設立された。

社会の教育者然とした家風もまた、名門・鳩山家に脈々《みゃくみゃく》と流れている。

一九九六（平成八）年の民主党結成の際、由紀夫は小冊子『わがリベラル　友愛革命』を作成している。中曽根康弘から、「お天道様《てんとう》の陽《ひ》に当たれば溶《と》けてしまうソフトクリームのようなもの」と揶揄《やゆ》された内容だが、その冒頭にはこう書かれていた。

〈リベラルは愛である。私はこう繰り返し述べてきた。ここでの愛は友愛である。友愛は祖父・鳩山一郎が専売特許のようにかつて用いた言葉である。自由主義市場経済と社会的公正・平等。つきつめて考えれば、近代の歴史は自由か平等かの選択の歴史といえる。

自由が過ぎれば平等が失われ、平等が過ぎれば自由が失われる。この両立しがたい自由と平等を結ぶかけ橋が、友愛という精神的絆である。

世界の多くの国々に比べ、はるかに経済的に恵まれた環境にあるにもかかわらず、口を開けば景気の話ばかりする日本人は、最も大切なものを失っている気がしてならない。多種多様な生命が自由に往来する時代に、相手との違いを認識し許容する友愛精神は共生の思想を導く。

弱肉強食と悪平等の中間に位置する友愛社会の実現を目指して、そして精神的なゆとりが質の高い実のある「美」の世界をもたらすと信じつつ、政治家として青臭いとの批判をあえて覚悟のうえで一文を認めることにした〉

由紀夫は、首相への一里塚となった二〇〇九年五月の民主党代表選挙で、みずからの変化と成長をこんな言葉で表現してみせた。

「その後、中曽根さんからは『アイスキャンディーになった』と言われました。『芯《しん》ができた』ということです。一皮向けた鳩山を見てください」

桜井孝輝らの尽力によって初当選を果たしてから二三年、鳩山由紀夫は第四五回衆院選に勝利して、ついに一国の首相にまで上りつめた。

鳩山由紀夫はどこへ行くのか。これからどのように変貌するのか。あるいはしないのか。どういった歴史的な「評価」を受けるのか。それを論議するのは、あまりに早い。

そこで筆者としては、祖父の一郎が『鳩山一郎回顧録』の最後に引いた、夏目漱石の小説『虞美人草《ぐびじんそう》』からの次の一節を贈ることで、鳩山由紀夫について記した本書の末尾としたい。

〈真面目とはね、君、真剣勝負の意味だよ。遣《や》りつづける意味だよ。やっつけなくちゃいられない意味だよ。人間全体が活動する意味だよ。口が巧者《こうしゃ》に働いたり、手が小器用に働いたりするのは、いくら働いたって真面目じゃない〉

おわりに

筆者が生まれた北海道えりも町は、日高地方の東のはずれにある小さな町である。そのえりも町の東のはずれにある庶野《しょや》という漁村が筆者の郷里だが、実は、この庶野を含む日高地方は鳩山由紀夫氏の選挙区に属している。

二〇〇九年七月下旬、筆者は由紀夫氏の本拠地である室蘭、苫小牧などのほか、庶野をはじめとする日高地方の町村にも足を運んだ。

由紀夫氏が代表を務める民主党の大勝が予想された「政権交代選挙」を前にしていたが、いずれの取材地でも、「北海道から初の総理大臣」という期待や熱気は感じられなかった。

理由の一つは、由紀夫氏が北海道の出身ではなく、東京から来た落下傘候補という過去にあるものと思われた。しかし、由紀夫氏にゆかりのあった人々に話を聞くうちに、どうやら理由はそれだけではないことが分かってきた。

北の大地の、それこそ頭に「バカ」がつくほど人のいい、純朴な人々は、決して多くを語らなかった。しかし、由紀夫氏の持つ、何やら世話のしがいのない、どこか冷淡で薄情な一面が、彼らの熱気や期待を冷ましているように感じられたのである。

由紀夫氏は田中派の出身だが、その点では、由紀夫氏が政治の師として仰いだ田中角栄氏とは、およそ正反対の政治家であると言っていい。一国の宰相となったことで、由紀夫氏の政治家としての器量、そして人間としての器量があらためて問われるのではないか。

本書の取材にあたっては、自民党室蘭支部幹事長として由紀夫氏の元側近を務めた桜井孝輝氏、鳩山農場のあった栗山町鳩山の地で由紀夫氏の後援会会長を務めた田中弘記氏など、多くの関係者の方々のご協力をいただいた。まずはこの場を借りてお礼を申し上げたい。

また、本書の執筆にあたっては、巻末に掲げた文献を参考にしたが、なかでもノンフィクション作家の佐野眞一氏の作品には、多くの得るものがあったことを特筆しておきたい。

なお、本書の出版にあたっては、中公新書ラクレ編集部の鬼編集部長・横手拓治氏に多大なお骨折りをいただいた。横手氏にもこの場を借りてお礼を申し上げたい。また、厳しい進行ながら、正確無比な校正作業、製作作業を行っていただいた中央公論新社のみなさんに、心より謝意をお伝えしたい。

二〇〇九年九月吉日

森　省　歩

引用・参考文献（五十音順）

〈書籍〉

板垣英憲著『鳩山家の使命――民主党・鳩山由紀夫の夢と構想』サンガ新書・二〇〇八年
神一行著『閨閥 改訂新版――特権階級の盛衰の系譜』角川文庫・二〇〇二年
戸川猪佐武著『小説吉田学校――第二部 党人山脈』学陽書房人物文庫・二〇〇〇年
豊田穣著『鳩山一郎――英才の家系』講談社・一九八九年
夏目漱石著『虞美人草』新潮文庫・一九五一年
鳩山一郎著『鳩山一郎回顧録』文藝春秋新社・一九五七年
鳩山一郎著、川手正一郎編・監修『若き血の清く燃えて』講談社・一九九六年
鳩山一郎・鳩山薫著、伊藤隆・季武嘉也編『鳩山一郎・薫日記』（上・下巻）中央公論新社・一九九九年、二〇〇五年
鳩山春子編『鳩山の一生』大空社・一九二九年

鳩山由紀夫著『新憲法試案――尊厳ある日本を創る』ＰＨＰ研究所・二〇〇五年
蛭田有一著『鳩山由紀夫――蛭田有一フォト・インタビュー集』求龍堂・二〇〇二年
部落史はとやま編さん委員会編『部落史　はとやま』一九八四年
平成政治家研究クラブ著『鳩山由紀夫のリーダー学――友愛政治で日本を変えられるか』ＰＨＰ研究所・二〇〇九年

〈雑誌〉
『現代』一九九六年十二月号・講談社
『自由』二〇〇八年十二月号・自由社
『週刊新潮』一九九六年十一月七日号・新潮社
『FRIDAY』二〇〇九年九月四日号・講談社
『文藝春秋』二〇〇九年七月号／八月号／九月号・文藝春秋
『ムー』二〇〇八年九月号・学習研究社

〈新聞〉
『朝日新聞』／『北海道新聞』／『毎日新聞』／『室蘭民報』／『読売新聞』

〈資料〉

『栗山町史』／『憲法改正試案の中間報告』／『国会議事録』／『わがリベラル　友愛革命』（鳩山由紀夫）

Chuko Shinsho
La Clef

中公新書ラクレ　330

鳩山由紀夫《はとやまゆきお》と鳩山家四代《はとやまけよんだい》

2009年9月10日発行

森《もり》　省《せい》　歩《ほ》著

発行者　浅　海　保
発行所　中央公論新社
〒104-8320
東京都中央区京橋2-8-7
電話　販売 03-3563-1431
編集 03-3563-3669
URL http://www.chuko.co.jp/

本文印刷　三晃印刷
カバー印刷　大熊整美堂
製　　本　小泉製本

定価はカバーに表示してあります。
落丁本・乱丁本はお手数ですが小社販売部宛にお送りください。送料小社負担にてお取り替えいたします。
©2009　Seiho MORI
Published by CHUOKORON-SHINSHA, INC.
Printed in Japan

ISBN978-4-12-150330-5　C1231

中公新書ラクレ刊行のことば

世界と日本は大きな地殻変動の中で21世紀を迎えました。時代や社会はどう移り変わるのか。人はどう思索し、行動するのか。答えが容易に見つからない問いは増えるばかりです。1962年、中公新書創刊にあたって、わたしたちは「事実のみの持つ無条件の説得力を発揮させること」を自らに課しました。今わたしたちは、中公新書の新しいシリーズ「中公新書ラクレ」において、この原点を再確認するとともに、時代が直面している課題に正面から答えます。「中公新書ラクレ」は小社が19世紀、20世紀という二つの世紀をまたいで培ってきた本づくりの伝統を基盤に、多様なジャーナリズムの手法と精神を触媒にして、より逞しい知を導く「鍵《ラ・クレ》」となるべく努力します。

2001年３月

La clef

L202

世界の日本人ジョーク集

早坂 隆 著

世界から憧憬の眼差しが注がれる経済大国？ それとも、物真似上手のエコノミック・アニマル？ 地球各地で収集したジョークの数々を紹介しながら、異国から見た真の日本人像を描き出す。『世界の紛争地ジョーク集』（ラクレ124）、『世界反米ジョーク集』（同164）に続く第三弾は、読者からも問い合わせの多かった「日本人をネタにしたもの」を満載。笑って知って、また笑う。一冊で二度おいしい本。知的なスパイスの利いた爆笑ネタを、ぜひご賞味あれ！

798円（760円）
150202-5

L211

希望学

玄田有史 編著

東京大学が、希望探求のプロジェクトを開始！ 「希望学」とは、〈希望とは何か？ 希望はどこから来てどこへ行くのか？〉をテーマとし、希望と社会の関係を探っていく研究だ。その第一歩として、20代～40代の男女、900人に「希望に関するアンケート」を実施。本書では、その結果分析から、希望の実態に迫った。希望が持てる性格とは？ 家族の期待が希望を育む、挫折経験が希望につながる……など、格差社会を超えて希望に辿り着くヒントが満載。

735円（700円）
150211-7

L214

「性愛」格差論
——萌えとモテの間で

斎藤 環＋酒井順子 著

金があってもモテるとは限らない（!?）時代。九〇年代以降、格差は「金持ち／貧乏」だけでなく、「モテ／非モテ」「既婚／未婚」などと入り組んでいる。本書は、多様化するライフスタイルを、「負け犬」「おたく」「やおい」「ヤンキー」の各層に分けて微細に分析。この「多文化社会」の中で、若者たちが番（つが）えない理由、番いたくない理由を徹底究明した。「ひきこもり」「ニート」に詳しい精神科医と、非婚社会を鋭く観察するエッセイストの対論。

735円（700円）
150214-8

L217

君子の交わり、小人の交わり
——日中関係を90度ずらす

養老孟司＋王 敏 著

いま「日中関係の壁」が厚い。高まる緊張の本質は、宗教観・自然観等の相違である。すなわち、「原則」を重んじる中国vs「以心伝心」の日本という構図だ。本書は、博覧強記の養老氏と、文化交流の現実に詳しい王氏が、日中の相違を縦横無尽に語り尽くす。そして、180度の正面衝突を防ぎ交流を促す智恵として、「90度の対立」や、環境問題の協力、漢文教育の推奨などを提唱。深い教養と、絶妙のユーモアがあふれる日中比較の決定版。

735円（700円）
150217-9

La clef

L226

論文捏造《ねつぞう》

村松 秀 著

科学の殿堂・ベル研究所の若きカリスマ、ヘンドリック・シェーン。彼は超電導の分野でノーベル賞に最も近いといわれた。しかし2002年、論文捏造が発覚。『サイエンス』『ネイチャー』等の科学誌をはじめ、なぜ彼の不正に気がつかなかったのか？　欧米での現地取材、当事者のスクープ証言等によって、現代の科学界の構造に迫る。内外のテレビ番組コンクールでトリプル受賞を果たしたNHK番組をもとにした書き下ろし。科学ジャーナリスト大賞受賞。

903円（860円）
150226－1

L244

となりのクレーマー
―「苦情を言う人」との交渉術

関根眞一 著

苦情処理のプロが、1300件以上に対応した体験とそこから得た知見から、相手心理の奥底まで読んで交渉する術を一挙に伝授する。イチャモン、無理難題、「誠意を見せろ」、「ふざけんな！」、詐欺師、ヤクザ……次々登場するクレーマーとのバトルの実例があまりにリアルだ。こわい、異常だ、はらはらする……でもかなり面白い「人間ドラマ」の数々。「苦情社会」の到来で、どこにでもいる、誰もがなりうるコマッタ人への対処法を一冊にしたベストセラー。

756円（720円）
150244－5

L253

街角の科学誌

金子 務 著

西欧文明の根元となったギリシア、近代科学は誕生しなかったものの、古代文明を確かに築いた中国、そしてその影響をさまざまな形で受けた日本……。たとえば「明治5年は太陽暦に切り替わったため、除夜の鐘が鳴らずに明治6年のお正月を迎えた」など、バラエティー的アプローチで、科学における面白エピソードを多数紹介する。東西の文化史に造詣の深い科学史家が描いた〝耳より文明紀行〟。どこから読んでも面白い、ドラマチック博物誌56篇。

798円（760円）
150253－7

L263

夜の銀座の資本論
―お金にモテる人になる！

浅川夏樹 著

経済コラムで評判の著者がやさしく解説。銀座ホステスだから知っている経済のこと、お金のこと。「リスクをとらなければ、リターンは得られません。この仕組みは、夜の銀座をつらぬいています」「お金は人を選んでいるのではないか、と思うことがあります。自分の見栄や欲望のためにお金を使う人のところには、お金は留まってくれないような気がします」「過去と他人は変えられませんが、未来と自分はいつでも変えられるのです」ほか、名言の宝庫。

756円（720円）
150263－6

La clef

L283
「人間通」の付き合い術
――好印象に導くしぐさと話し方
樋口裕一 著

感じがいい人と悪い人は確かにいる。後者は他人からの印象が悪く、いつも損をしているようだ。だったら、後者は前者のやり方を真似ればいいのではないか。本書は感じがよくて誰からも好かれ信頼される人が、無意識のうちに行っているコミュニケーション術を、さまざまな場面ごとに具体的に提示する。そしてこれを無理なく上手に真似るテクニックを収録した。ベストセラーを連発する著者が、鋭い人間観察をもとに書き下ろした08年の話題作。

756円(720円)
150283-4

L285
TOKYO建築 50の謎
鈴木伸子 著

ここ数年の東京の変化はめまぐるしい。再開発ブームで、見知らぬ建物がある日突如として現れる、などということも日常茶飯事だ。そうした建築物を見ていて、さまざまな疑問を抱く人も多いだろう。なぜガラスの建物ばかりなのか? 解体はどのように行うのか? 歴史的建物はどう保存するのか? 都市誌の編集者である著者が、その道の専門家を訪ね歩き、そんな疑問への「解答」を探し求めた。本書は、町歩きのための絶好のガイドブックである。

777円(740円)
150285-8

L287
沖縄イメージを旅する
――柳田國男から移住ブームまで
多田 治 著

青い海、白い砂浜、穏やかな三線の音……。「基地の現実」を一手に引き受けてきた島で、こうした「南の楽園」像は誰によって、いかにしてつくられたのか。日本人は、これまで幾度となく沖縄を熱烈に求めては、自分を映し出す鏡にもしてきた。戦前に沖縄を研究した柳田國男から、NHK朝の連ドラ「ちゅらさん」へ、そして移住ブームまで、一〇〇年に及ぶ沖縄イメージの流れをたどり、一方で現実の数々の風景を通じて、沖縄のいまを探る。

924円(880円)
150287-2

L297
間宮林蔵・探検家一代
――海峡発見と北方民族
髙橋大輔 著

北海道以北の地図がまだ空白だった時代。世界中が頓挫した海峡突破を、なぜ無名の日本人が果たせたのか。厳寒の地に乗り込み、多様な民族と過ごした林蔵の真の偉業とは。発見から200年、現役の探検家がその足跡をたどりつつ、探検の意義を問う。標(しるべ)なき大海原や大氷原、何百キロも続く不毛の砂漠、漆黒の闇となる夜のすがた……シベリアとサハリン島を旅することで探検家は何を見出したのか。

924円(880円)
150297-1

La clef

●中公新書ラクレ 既刊より

L200
脳の中の人生

L233
すべては脳からはじまる

L264
それでも脳はたくらむ

L300
脳はもっとあそんでくれる

茂木健一郎

気鋭の脳科学者が、
人生の愛《め》で方を特別授業